성공의 노하우

후나이식 경영법

머 리 말

성공한다는 것은 바람직한 일이다.

그것은 자기 스스로 '나는 행운아다'라고 생각할 수 있고, 또 많은 주위 사람들로부터 '그는 틀림없이 행복할 것이다'라고 선망의 대상이 되기 때문이라고 할 수 있다.

이러한 것은 마음 먹기에 따라서 크게 어려운 일이 아니다.

좁은 의미에서 유명한 사람이 되거나, 여러사람들로 부터 존경받는 인간이 되는 것, 또는 기업가로서 업적을 확장시켜 많은 인재들을 거느리게 되는 것도 노력 여하에 따라서 가능한 일인 것이다. 물론 그것이 간단한 것은 아니지만, 그렇다고 대단히 어려운 것은 아니라고 생각된다.

본서는 나의 체험에 비추어서 이같은 성공의 가능성과 룰(규범)을 해명하려는 것이다. 독자 여러분도 이제부터 성공을 위해 도전하기 바란다.

지난 5월 말경이었다. 1980년도 법인소득 상위권 1만개 회사의 순위표가 게재된 《일경(日經) 비즈니스》(5월 18일자)를 가지고 비즈니스사(社)의 반죠(番場) 사장이 나를 찾아왔다.

그 중에서 〈소득순위 4,444번째, 소득액 4억 9,500만엔, 일본 마케팅센터〉에 붉은 줄을 친 다음, 그는 다음과 같이 이야기를 시작했다.

"후나이(船井) 선생, 확실히 경영에는 능숙하십니다. 10년 전무(無)에서 출발한 선생의 회사=일본마케팅센터가 불과 10년만에 150만개의 일본 법인체 중에서 소득순위 4천번 순위에 오른 것은 솔직히 말해서 놀랄만한 일입니다. 선생께서는 스스로가 성공하듯이 거재하는 모든 사업체들을 훌륭하게 발전시킨 듯 합니다.

　여기에는 어떤 룰이 있을 것입니다. 2년 전쯤 부터 선생님의 애독자들이 이번에는 고문을 맡고 있는 거래처를 성공시킨 비밀에 대하여 관심이 매우 높습니다. 이번에 이 룰을 한 권의 책으로 묶어 발간하면 독자의 인기가 매우 좋을듯 합니다."라고.

　그와는 내가 존경하는 친구이면서도 동시에 허물없는 관계이다.

　호인인 나는 가끔 타인의 부추김에 들떠서 후회되는 경험이 있었으므로 당시 그의 기분을 이해하면서도 우선 사양하고 말았다.

　이제까지, 나 스스로가 성공했다는 생각을 가진바가 없고 더구나 경영 컨설턴트라고 하는 직업 성격상 거래하는 기업이나 점포의 업적을 향상시키지 못하면 문을 닫게 되는 것이므로 나에게는 고문을 맡고 있는 거래처를 성공시키는 것이 필요 조건이다.

　또, 이것은 '성공의 룰을 공개할 단계'가 아니라고도 생각한 때문이기도 했다.

　그 후 얼마의 시간이 지난 다음이었다. 돌연한 발병으로 도쿄의 후생 연금병원에 입원했을 때 나는 반죠 사장이 가장 좋아하는 장미꽃 묶음을 가지고 그의 병상을 찾아갔을 때, 그는 그때 다음과 같이 나에게 말하는 것이었다.

　"후나이 선생, 오늘은 바쁘기로 유명한 분이 내가 좋아하는 장미꽃을 가지고 찾아와 참으로 즐겁습니다. 제발 날 즐겁게 하려면 전번에 부탁드린 책을 한권 써주세요. 지금 여기에서 허락해 준다면 이같은 병은 깨끗히 살아질 텐데……"라고.

그가 의도했던 것은 결국 다음과 같은 것이었다.

1979년, 비즈니스사(社)에서 발간된 나의 저서《포용성(包容性)의 발상(發想)》은 염치없는 말이지만, 나의 사고방식, 삶의 기본적 태도를 인간이나 인간성의 바탕 위에서 과학적(?)으로 저술한 것인데, 독자들에게는 상당히 영향을 끼쳤던 것 같다. 독자들로부터 1천통이 넘는 편지가 왔었고, 지금도 1개월에 10여통이 넘는 편지가 온다.

이《포용성의 발상》은 말하자면 '기본편'인 셈인데, 〈후나이 유끼오(船井幸雄)의 인간학〉이기도 하다. 그런데 현실적으로, '응용편(應用編)'인 〈후나이유끼오의 성공학〉과 같은 것이 나와야만 마무리가 된다. 더구나 현재 많은 독자들이 이것을 갈망하고 있다는 것이 반죠 사장의 핵심적인 의도였다.

여기에다 그는 다음과 같이 의견을 첨가했다.

"후나이 선생, 이와 같은 책을 쓴다는 것은 당신에게 한정된 고문 거래처라고 하는 물리적인 장벽을 초월하여 '후나이식(船井式)'을 확장하는 것도 되고 또, 많은 사람들이 행복해지며 성공을 이룩하는 것도 될 것입니다. 선생은 항상 '알고 있어서 좋다는 것은 많은 사람들에게 아낌없이 알려주기 때문이다……'라고 말해오지 않았습니까. 집필해 주세요."라고.

그래서 반죠 사장이 '본서 발간에 즈음하여'라는 서문을 쓰기로 하고 이 책을 쓰기 시작하게 되었다.

본서에서는 내 생각에도 비교적 적중되고 있는 '후나이식 경영 컨설턴트 방법'과 '후나이식 경영법'을, 《성공의 조건》이라고 하는 책안에서 정리하려고 한다.

경영 컨설턴트를 시작한지 20년, 그동안에 1천 5백개 회사 정도의 기업체와 거래해 왔는데, 그 대부분은 비교적 좋은 업적을 올리고 있다. 특히, 거래를 시작한지 10년 안에 매상고가 50배 이상 되고,

또 이익이 100배 이상으로 급신장된 고문 거래 회사는 50개사 이상 된다. 또 이에 따라 나의 회사도 상당히 발전한 것이 사실이다.

이러한 사실은 경영 컨설턴트라는 사업을 떠나 다른 점에서도 나에게 주어진 행운이라고 감사하고 있다.

나는 이들 특별히 성장한 기업들에게 어떤 특효약이나 기발한 책략을 제공한 바도 없다. 상식적으로 열심히 노력하도록 했을 뿐이다. 그러나 성장할 만한 이유, 공통된 패턴이나 룰(규범)이 있다는 것을 부정할 수는 없다.

이것을 '성공의 조건'이라고 표현할 수도 있을 것이다. 그러나 업적의 신장이 간단한 것은 아니지만, 내가 자기 회사에서 어느 정도 실현되도록 한 것이므로, 매우 어려운 일도 아니다.

애독자들을 위해 도움이 될 수 있도록 가급적 쉽게 설명하려고 한다. 부디 참고가 되어 성공을 위해 도전하기를 기대하는 바이다.

서재에서

후나이유끼오

제 1 장

성공한 사람에게
공통된 인간적 조건

 지난 20년간, 경영 컨설턴트로서 2천명 이상의 경영자들과 친분을 맺어왔다. 그래서 다분히 기업적으로 성공한 사람, 또는 실패한 사람들과의 교류가 많았다. 그 결과, 10여년 전부터 괄목할 만큼 성공한 사람에게는 공통된 인간적 조건이 있다는 것을 알게 되었다. 그것은 상당히 많다. 그러나 쉽게 이해하기 위해 3가지로 정리하였는데, 1장에서는 이것을 소개하기로 한다. 이것은 누구나가 마음먹으면 가능한 조건들이다.

 그런데, 이제부터 기술하는 '성공(成功)'이란 단어는 상식적으로 생각하여 '저 사람은 성공했다'거나 '성공할 것이다'라고 하는 경우의 개념이다.

 이것을 논리적으로 말한다면 자기 스스로가 '나는 행복하다'고 생각할 수 있고, 또 많은 사람들로 부터도 '저분은 분명히 행운아다'라고 인정되는 상태가 성공의 상태라고 할 수 있다.

 《성공을 판매하는 사람》이란 저서로 유명한 폴·J·메이어도는 '성공이란 자기의 목표를 달성한 사람'이라고 정의하고 있는데, 여기서는 상식적인 개념에서 '성공'이란 단어를 사용키로 한다.

1. 제1조건은 '공부벌레'

'메모광(狂)＝공부 벌레'

 '다이에'의 나까우찌(中內 功)사장이나 '이토요까토오(堂)'

이토오(伊藤雅俊)사장의 메모광(狂)적인 습성은 여러 사람들에게 알려질 정도로 유명하지만, 급속도로 성장한 중견급 이상의 대량 판매점 사장들은 대부분 메모광적인 특성을 지니고 있었다. 그들 대부분과 친분 관계를 맺었는데, 나도 모르게 메모에 익숙한 인간이 되고 말았다.

그 이유는 메모하고 그것을 잘 정리하면 참으로 공부가 되고, 머리가 좋아지며 용기가 생기기 때문이다.

후나이(船井)식의 공부 방법도 메모가 기초다

처음부터 개인적인 기록을 공개하게 되어 어색하지만, 다음의 표 1은 나의 메모 장부에서 발췌한 2페이지를 복사한 것이다. 이 책에 부제목을 붙인다면 '후나이 유끼오의 성공학(成功學)'일 것이므로, 내가 어떤 인간이고, 어떤 방법으로 노력하는가를 알려 주기 위하여 이 메모를 중심으로 설명하기로 한다.

나는 가끔 메모를 하게 되면,

① 배운 것=교육받은 것(기호 : S)

② 느낀 것=생각난 것(기호 : T)

③ 규칙적인 것(기호 : R)으로 분류하면서 가급적 즉시 메모장에 기록하고 있다. 기초 S는 STUDY의 약자이고, 기초 T는 THOUGHT, 그리고 기호 R은 RULE의 약자이다. [카피의 기호 참조]. 날자에 따라 차이가 있으나 매일 5~20매 정도 새로운 메모가 추가되고 있다.

그런데, 나는 늦게 귀가했을 때도, 아무리 술에 취했거나 피곤하더라도 잠들기 전에 다음의 2가지를 습관적으로 처리하고 있다.

첫째는, 메모 장부를 책상 위에 놓고 그날 작성된 메모를 읽은 다음, 총괄적으로 그날의 메모 내용을 첨가시킨다. 총정리는 메모 번호에 ○으로 기입한다. 정리된 메모는 매일 1매에서 5매 정도 된다.(〈표1〉의 카피 중에서 메모 번호에 ○을 친 ⑨⑩ 등 참조).

두번째는 이 메모장을 참고로 그날의 행동표를 기입한다. 여기에는 기상부터 취침까지의 시간표 배당에 따라 중요한 것, 만난 사람, 연락하여야 될 사항, 감상, 룰화(化)하는 것 등을 기입한다. 이 행동표는 시간 배당별로 분류된 일기장과 같은 것인데, 내가 경영하는 회사의 사원들은 의무적으로 이 행동표를 기록하게 되어 있고, 복사된 카피 1매는 사장인 나에게 제출하도록 되어 있다.

표 2는 본인이 기록하는 행동표의 실물을 축소한 것인데, 나의 행동표도 복사한 카피가 비서나 간부들에게 회람되고 있으므로 개인적으로 공개하기 곤란한 내용은 본인의 보관용에만 붉은 글씨로 기입하고 있다. 이것은 편리한 일기장이다.

우울우물하는 여자와 머리 회전이 빠른 남자

여기에서 표 1을 다시 설명하면 8월 21을 중심으로 하는 메모장의 카피인데, 8월 20일자 '정리된 메모' 2개와 8월 22일자 2개가 포함되어 있다.

8월 20일에는 집사람과 딸이 나와 같이 상경하였으므로, 친분이 있는 야마나까(山中鑛)사장의 비서로 근무하고 있고, 딸이 가장 좋아하는 노구찌(野口芳江)양을 초대하여 고륜(高輪) 프린스 호텔에서 저녁식사를 같이 했다.

노구찌양은 일본 비서협회에서 가장 훌륭한 비서로 선정될 만큼 유능한 아가씨인데, 만날 때마다 호감이 가는 인상을 느끼

〈표 1〉 최근의 나의 메모

〜 8/22

6. S 責任感が知恵を生み、責任感
と使命感が企業を伸す。
（ダイエー 中内㓛）

7. R 結局 まとまるように まとまり、
原因と真実に かくも遠く
（ロート）

8. T たまくなる人には、その人相応の位
がある。
弁解、惡々は、ついもう

9. T ヒットラーフロイ ばるし、NMCも
しばらくは超ワニマンで行かね
ば なるまい

10. T だれにみても、相手の立場に
たって 親切、ていねいに つとめよう

8/8/22

1. T オレはついている
（やはり 佐竹課長は とんだ）

2. T うわさは ミカケが、真実は もっと
ろ多い、理由、破因が大事
（川俣い、中三）

22

〈표 2〉

행 동 표	성명 : _____	본인 보관용

년 월 일	출근시간 ___ 시 ___ 분 퇴근시간 ___ 시 ___ 분	출장중	출발 ___ 역 ___ 시 ___ 분발 귀사 ___ 역 ___ 시 ___ 분발

시각	주요 행동	주로 만난 사람	연락사항(수주·해결·정보·의견 등)
8:00			
9:00			
10:00			
11:00			
12:00			
13:00			
14:00			
15:00			
16:00			
17:00			
18:00			
19:00			
20:00			

오늘의 감상:

오늘 규칙화 된 것

기 타

(※ 공개하기 곤란한 내용은 붉은색으로 기입)

게 한다.

더구나 그날은 낮에 일본 제1의 전문점 스즈야(鈴屋) 사장인 스즈끼(鈴木義雄)씨와 3시간 이상 사업적인 상담을 가졌는데, 질투를 느낄 정도로 감명을 받았으므로, '8 / 20일 ⑩'의 메모처럼 '좋은 의미로 일본에서 제일 훌륭하다는 것은 아무튼 호감이 간다는 뜻이고, 스즈끼와 노구찌 두사람은 이 점에서 가장 대표적인 필요조건을 구비했기 때문에 이같은 메모가 만들어진 것이다.

'8 / 20일 ⑪'의 메모는 저녁 식사를 트리아농(프린스 호텔의 메인 식당, 프랑스 요리 전문점)에서 하였을 때, 노구찌 양과 집사람은 말할 것도 없고, 주변에서 식사하고 있는 여성들 대부분은 요리 시간이 오래 걸리고 요리의 재료 내용도 잘 모르는 것만을 선호하는 반면, 남성들은 쉽게 요리되고 알기 쉬운 요리를 좋아하는 습성을 확인하였다.

그래서 '여성들은 비교적 우물우물 느린 편이고 남성들은 재빠른 것을 좋아하는' 습관이 음식점에서도 나타나는 특성때문에 이것이 메모에 남겨진 것 같다.

모든 일에 정직과 성의를 가질 것

8월 21일은 오전 중에 나의 동경사무소에 출근했고, 점심 식사는 인기있는 변호사인 와다베(渡部喬一)씨, 정치학자인 고무로(小室直樹)씨 등과 회식했다. 오후부터 밤에는 내가 주관하는 경영연구회의 '코스모스클럽 · 8월 동경 모임' 등이 있었고, 200여명의 유통업계 최고 경영인들과 정보 교환, 연구, 회식을 같이 했다.

'8 / 21 · 1'의 메모는 금년 8월 말에 대학 졸업후, 3년 반쯤 우리 회사에서 근무한바 있는 사와라(澤田)군이 퇴사한다고 인사 왔을 때의 감상이다. '아무리 생각해도 나는 경영 컨설턴트로서는 성공하기 어려울듯 합니다. 문학을 하려고 합니다'라고 하는 것이 그의 퇴사 이유였으나 사장으로서는 유쾌할 수 없다.

나의 회사 일본 마케팅센터의 본사는 오오사카(大阪)에 있고, 도쿄에는 40명 정도의 사원이 있는데, 창업 이래 11년간 본사에서는 남자 사원의 퇴직이 전혀 없었으나 도쿄에서는 작년에 2명, 금년에도 2명이 있었다.

그들은 대개 회사에 만족하지 못하고 떠나갔다. 오사까 본사에 있는 남자 사원은 입사 후 2년이 지나면, '사장이나 회사에 대하여 알면 알수록 사직할 생각은 전혀 없다'고 의욕이 충만되어 있다. 그러나 동경에서는 가끔 퇴직자가 나타난다. 이것을 잘 생각해 보면, 사장인 나의 책임인데, 동경사무소 직원과는 만나는 기회가 비교적 적으므로 나의 인간성이나 회사의 성격, 꿈 등을 이해하기 어렵고, 또 사원 개개인의 장점도 잘 개발되지 못하는 듯하다. 이것은 나의 동경 사무실 사원들에게 대하여 사랑으로서의 책임을 완수하지 못한 것이 된다. 그래서 이제부터는 본사 직원 이상으로 관심을 가지려고 노력하겠다는 것을 쓴 메모인 것이다. [나는 지금 우리 회사의 성격, 경영 전략상에 있어서도 동경에 대하여 중요성을 인정하려고 결심하고 있다].

'8 / 21 · 2'의 메모는 다음과 같은 것이다. NHK · TV의 법률상담에서 인기가 있는 와다베(渡部喬一) 변호사나 《소련 제국의 붕괴》《미국의 역습(逆襲)》《신전쟁론》 등 저서로 화제가 되고 있는 정치학자 고무로(小室)씨와 점심 식사를 같이 했는데, 와다베씨로 부터는 그의 저서 중 베스트셀러인 《육법전서의 이용법》과 《상법을 이해하는 책》을, 그리고 고무로씨로 부터는 그의 최근 저서로서 야마모토(山本七平)씨와의 공저(共著)인《일본교 (日本教)의 사회학》을 선물로 받았다.

나도《포장에 대한 발상(發想)》《80년대 번영전략》을 두사람에게 증정하였는데, 상호간 저서에 싸인하여 교환할 수 있는 것은 유쾌한 일이었다.

그런데, 교환한 후 느낀 것인데 와다베씨의 정성어린 서명에 대하여는 배운 바가 있었고 약간 부끄럽게 생각되었다. '船井幸雄先生'라는 글씨를 성심성의로 쓰는데 감동되었다. 어떤 일에 있어서나 상대편 입장에 서서 정성을 쏟는 자세는 배울 바가 있었다.(8 / 21 · ⑩의 메모 참조). 그리고 즐거울 때는 순진하게 파안대소하는 고무로(小室)씨에게서 천재로 인정받고 있는 그의 인간성의 한 단면을 본듯 하여 깊은 감명을 받았다. 그는 그것만으로도 훌륭하다.

정상적인 초일류(超一流)가 되자

'8 / 21 · 3~6'의 메모는 그날 많은 유통업계 최고 경영자들을 만났는데, 그 중에서 인상에 남은 것을 기록한 것이다. '다이에'와의 관계가 회복되어 한숨을 쉬게 된 십자옥(十字屋)의 구보(久保房吉) 사장, 주식에 대한 투자 때부터 여러가지 문제점을 알고 있는 나로서는 그의 고민과 헌신적인 노력을 보고 그의 위대성을 다시 한번 알게 되었는데, '8 / 21 · ⑦]의 메모와 같이 사업상 어려운 문제를 해결하는 규칙을 알게 되었다.

그리고 '다이에'의 나까우찌(中內)씨가 언제나 십자옥(十字屋)과의 사건에 대하여 누구에게도 비판이나 험담을 하지 않고 변명도 하지 않는 태도가 실정을 알고 있는 나에게는 매우 신선하게 느껴졌다(8 / 21 · ⑧의 메모 참조).

그리고 그날 '소고오'의 미즈지마(水島廣雄) 사장으로 부터는 '정상적인 초일류(超一流)'가 되고 싶다는 것, '초일류 사장이 되면 소고오가 요미우리 신문사에서 빌려 쓰고 있는 유라꾸쬬(有樂町)의 점포 임대료를 감해 주겠다'고 교섭 도중에 마사리끼(正力松太郎)씨가 말했다는 것도 참고가 되었다. 또 '다이에'의 나까우찌(中內功) 사장으로 부터는 기업을 발전시키는 비결은 '올바른 책임감과 사명감'이라고 들었는데, 이 두분이 주장한 바를 합성시키면 '8 / 21 · ⑨'의 메모가 된다.

 ―조직체를 확립할 때까지는 정상적인 초일류인이 필요하다. 그 이유는 그가 책임감과 사명감을 갖지 못하면 잠시도 그 지위에 있을 수 없기 때문이다. 은행은 담보없이도 그에게 대출해 준다…… 이러한 것이 긍정적으로 이해될 듯하다―.

 이와 동시에 이들 두사람은 나에 대하여 '후나이씨! 당신은 더욱 회사를 대성시켜 세계적인 경영 컨설턴트 회사로서의 조직체를 확립시켜야 된다. 그러기 위하여 현실적으로는 초일류가 되고 더욱 큰 사명감과 책임감을 가질 뿐만 아니라 사원들도 노력하여야 된다'는 것을 암시적으로 표현하는 것으로 느껴졌다.

꼭 알아둬야 할 창업자 · 경영자의 정리＝히틀러 · 프로이트의 정리(定理)

 여기에서 이야기를 바꿔 '재미있으면서도 매우 유익한 정리(定理)를 소개하기로 한다. 이것은 '히틀러 · 프로이트의 정리'라고 부르는 것으로, 이것은 20년에 걸쳐 실험 · 보완된 것이며, '후나이식(式) 조직체 확립법'(표 3 참조)이라고 해도 좋다고 생각한다.

독일 제3제국의 히틀러가 만들고 프로이트가 증명했다는 '히틀러·프로이트의 정리'는 '국가·기업체·종교단체나 조직체는 우선 목적을 만들고, 그리고 그것을 사명감으로 까지 상승시키면서 이데올로기화(化) 하고 신성불가침한 신적 존재와 경전(經典)을 거쳐 비로소 확립된다'는 것이다.

그러나 그 과정에 있어서 히틀러가 분명히 정의하고 프로이트가 정신분석적인 면에서 증명한 것은 카리스마의 필요성과 '카리스마=신격적 지도자는 잘못이 없어야 된다'는 것이다.

쉽게 설명하면 카리스마는 절대로 잘못을 인정해서는 안된다는 것이다. 물론, 잘못을 저지르는 우(愚)를 피하면 좋으나 만일 잘못이 있더라도 그것을 인정해서는 안된다 는 것이 된다.

내가 히틀러·프로이트의 정리를 알게 된후, 이미 20여년이 지났고 경영 컨설턴트로서의 20년간은 '조직체 확립에의 과정=성공에의 과정'이므로 철저하게 이 정리에 의존해 왔다. 그리고, 최근에 와서 비로소 표 3과 같은 후나이식 조직체 확립법'이란 것이 완성된 것이다.

예를 들면, 나의 회사=일본 마케팅센터를 조직체로서 확립하려고 생각한다면 나는 우선 카리스마적인 초일류(超一流)가 되어야 하고, 자신을 비판하고 부정하지 않을 수 없는 어리석은 행동을 해서는 안된다(따라서, 회사를 조직체로서 확립하려고 생각한 몇년 전부터 나의 언행은 매우 신중하였다). 그리고 만일 실패하더라도 스스로가 잘못을 인정해서는 안되며 부하들도 나를 비판하거나 부정해서도 안되는 것이다. 이것은 어려운 것이지만 실천하지 않으면 안된다.

미즈지마(水島) 사장이 말하는 '정상적인 초일류인(超一流人)', 나까우찌(中內) 사장이 말하는 '올바른 책임감과 사명감'이 조직체로서의 회사가 확립되지 못했을 때는 반드시 필요하게

〈표 3〉 후나이식(式)조직체 확립법

이 확립법의 원전(原典)은 히틀러·프로이드의 정리(定理)이다.

(주의사항)

| 목적을 만든다 | ← { 인간성이 있고, 대의 명분이 있는 목적이어야 한다. |

↓

| 사명감까지 높인다 | ← { 목적에 따라 노력하고, 성공과의 연속이어야 한다 |

↓

| 이데올로기화 한다 | ← { 유능한 리더가 나타나고, 이 리더가 카리스마화(化)할 필요가 있다. |

(이 리더는 자기를 부정·비판하거나 부하로 부터 리더가 비판되거나 부정되어서는 안된다)

↓

| 신적(神的)존재, 교전 (敎典)을 만든다 (이념, 철학의 확립) | ← { 리더의 카리스마 화 와 함께 간부의 포교사화(布敎師化) 조직원의 신자화(信者化) } 가 필요 |

↓

| 권위의 확립과 타인 에 의한 확인 (조직 메릿트의 확 립, 조직체의 확립) | ← { 인재의 배출, 총합화(總合化), 다각화 (多角化)등의 진행을 통해 조직체가 스스로 안정, 확대 순환되어야 한다. |

된다.

이 조직체 확립법은 현재 급속도로 성장하고 있는 기업의 경영자, 특히 창업자 경영인에게 큰 인기를 끌고 있다. 반복적으로 설명하지만 그들이 감명을 받고 있는 것은,

① 스스로 카리스마화(化)하지 않으면 안된다.

② 카리스마에는 실수가 없어야 된다. 그러기 위하여는 항상 열심히 연구를 거듭하여 가장 정상적이어야 되고 무엇이 올바른가를 끊임없이 분별하여 신중하게 행동하여야 된다.

③ 또, 만일 잘못이 있더라도 자기 부정이나 비판에 의해 자기의 허점을 절대로 인정해서는 안되며, 조직체가 확립될 때까지는 부하로부터 카리스마로서의 제1인자가 부정당하거나 비판받아서는 안된다.

이상과 같은 것들이다. 급속도로 성장하는 기업이지만, 아직 조직체가 확립되었다고 볼 수 없는 '다이에'나 '니시도모스토아' 같은 대량 판매점에서 '히틀러·프로이트의 정리'가 바람직하다고 생각하는 것은 나의 잘못된 판단일까?

그리고, 국가적으로 질서가 완전히 확립되기 전에 카리스마였던 모택동 주석을 비판했던 중국의 사정이나, 한때 일본의 카리스마였던 총리 이께다(池田大作)씨가 스캔들처럼 떠돌던 소문을 단연 부정하지 않았기 때문에 동요했던 창가학회(創價學會)도 이 정리에서 볼 때는 참고가 될 것이다.

두드러진 것은 도움이 된다

약간 본론에서 빗나갔으나 다시 메모를 설명키로 한다. '8/21·4'의 '두드러진 것은 득이 된다'는 메모는 3년 전부터 내가 주재하고 있는 코스모스 클럽의 정례 연구회나, 1년에 2회, 1월과

7월에 2박 3일로 진행하고 있는 '후나이 원맨세미나'(유통업계의 최고 경영자 400명이 모여 나의 지식과 정보를 제공받는 경영 전략 세미나)에 빠짐없이 참석하는 여성이 한사람 있는 것에 주목한 것과 관련되고 있다. 남자가 99%이므로 항상 참가하는 그녀는 나의 눈에 잘 띄었다.

그녀는 나까노껭(長野縣)의 의류 종합점포인 '하나오까'의 영업본부장인데, 그날 코스모스클럽 회의가 끝나고 귀가 도중에 엘리베이터에서 만났으므로 나의 차에 편승시켜 기차역까지 바래다 주었다. 엘리베이터 안에는 남자 참석자들이 많았으나 특별히 '우리 차에 타겠느냐'고 묻게 된 것은 그녀가 한 사람뿐인 여성이었기 때문이다. 생각해 보면, 여러 사람이 많을 때는 좋은 의미에서 특별히 눈에 띄는 것이 바람직하고 그것이 자기에게 플러스로 작용된다고 할 수 있다. 그래서 이런 메모가 만들어진 것이다.

가장 중요한 것은 진실이고, 진실을 파악하는 판단이 핵심이다

다음에 8월 22일을 살펴보자. 이날부터 3일간, 내가 숙장(塾長)으로 있는 후나이 경영숙(經營塾)의 숙생들과 동북지방의 클리닉 세미나에 참가했다.

그날, 하네다(羽田) 비행장 출발 8시 55분 국내 비행기로 하나마끼(花巻)시에 도착, 몇군데 지방을 관광한 후, 저녁에 하나마끼시 교외의 다이(台) 온천장에서 숙박하였는데, 일기가 나쁠때는 비행기에 탈때마다 '나는 행운아다'라고 '8 / 22 · 1'의 메모처럼 생각하는 것이다. 어쨌던 최근 10년동안 탈 예정이었던 비행기가 결항한 일은 없다. 특히 이날처럼 태풍 15호가 닥쳐 오고,

내가 탄 비행기 다음부터는 전부 결항인 경우, 이같은 생각이 강하게 느껴진다. 분명히 운이 좋은 것만은 틀림없는 듯하다.

그런데 그날은 우선 모리오까(盛岡)시의 소매상 업계부터 시찰하기 시작했다. 8월에 들어서부터 나에게는 모리오까 유통업계에 대한 여러가지 소문과 정보가 들려오고 있었다. 즉, 그것은

① '가와도꾸(川德)'는 판매에 고전하고 있으나 '나까미(中三)'는 좋다.

② 그래서 '가와도꾸'는 다른 대도시 백화점과 자본·인재(人材)에 있어서 제휴하려고 한다……

등이고, 동경의 매스컴을 비롯하여 백화점 및 그 분점 사이에 이같은 소문이 자자했다.

'가와도꾸(川德)'는 이와테젱(岩手縣)에서 가장 큰 명문 백화점이고 모리오까(盛岡)시의 중심가인 사까나마찌(肴町)에서 약 1만 평방미터의 매장을 가지고 1979년도에 135억엔의 매상을 올렸으나 매장이 좁아 작년 10월, 현재의 사이엥(菜園)지구에 약 1만 8천 평방미터의 매장을 신축하여 이전하였다.

동시에 구점포는 나끼미(中三) 백화점에 매각했다.

가와도꾸(川德)가 현재의 매장으로 이전한 것은 나의 주장인 일상원일입지론(一商園一立地論)[한 상권(商圈)안에서는 경쟁이 심해짐에 따라 인기있는 위치는 매장이 큰 종합점(綜合店)과 그 근방으로 제한된다]에도 합당하고, 사실상 가와도꾸(川德)의 신축 이전에는 어느 정도 노력한 흔적이 보였으므로 동경에서의 소문을 무시할 수 없었다.

그래서, 그날 현지를 조사한 뒤 안심하게 되었다. 나는 아무리 큰 백화점도 매장 안에 들어가 에스컬레이터로 한바퀴 돌아보면 그곳의 매상고와 이익까지도 추정할 수 있는 특수한 재능(?)을 가지고 있다. 또한 2~3% 이상 착오나는 일이 거의 없다. 이것은

대단한 것이 아니고 훈련때문인데, 그래서 소매업 컨설턴트로서 성공했는지도 모른다.

동경에서 들은 정보로는 현재의 실정에서 추정할 때, 가와도꾸의 연간 매상고는 180억엔 정도이고, 나까미(中三)가 90억엔쯤 된다는 것이었는데, 나의 견해로는 초년도인 데도 가와도꾸가 성과를 올리고 있어 틀림없이 220억엔의 매출이 될듯 하고 나까미도 열심히 뛰고 있다. 그러나 나까미도 90억엔이라고 하는 것은 지나친 수치로 판단되었다.

어쨌던 두 백화점의 기본 방침에 잘못이 없으면 분명히 내년도에는 가와도꾸가 240억엔으로 정상적인 궤도에 오르게 될 것이고 나까미의 모리오까 점포도 얼마후 이익을 낼 수 있을 것으로 전망된다. 그러므로 가와도꾸에 관한 비관적인 소문은 근거없는 것이었다.

그러면, 어떻게 이런 소문이 생겼는가? 여기에는 '가와도꾸' 측의 사소한 발언이 오해를 만들었다는 것과, 이것을 침소봉대시킨 사람, 그리고 이들이 어떤 입장에 있는가도 대략 짐작하게 되었다.

다행스럽게도 나는 유통업계에 관한 한 현지에 가서 간단히 조사하면 대부분 쉽게 진실을 파악할 수 있게 되어 있다.

이 결과가 '8/22·2'의 메모와 같은 문장을 쓰게 만들었다. 분명한 것은 진실을 파악하지 못했을 때, 누구나 성공을 보장할 수 없으므로 이 진실을 파악할 수 있는 안목과 힘을 양성하기 위한 노력이 필요하게 된다.

절대적인 메모의 효과

이것으로 표 1의 메모 설명은 전부 끝난 셈인데, 불과 조그마

한 2페이지의 메모만 보아도 이제까지의 설명과 같이 당시의 사건이 기억되고 해설된다. 이것이야말로 메모의 절대적인 효용인 것이다.

여기에서 메모의 설명에 있어 구체적으로 연구방법을 소개하면 다음과 같다. 매일 매일의 작업=경영 현장에서의 컨설팅이 무엇보다도 연구에 도움이 된다. 그 이유는 살아있는 경험, 특히 참신한 경험이 매일 실험 데이터로 활용되기 때문이다.

그 밖에도, 하루에 한권 정도 단행본을 읽고 경영과 경제에 관한 월간지 등도 독파한다. 신문이나 주간지를 보통사람 이상으로 철저히 읽으며, 평균적으로 2~3시간 독서하는 습관을 갖도록 한다. 그러면서, 참고 사항이나 느낀 것, 룰화(化)될 것은 메모장에 그때마다 기록하도록 하고 있다. TV는 아침 뉴스와 뉴스해설 이외에 거의 보는 일이 없고, 라디오도 장거리 여행할 때 이외에는 듣는 경우가 없다.

이들 이외의 정보, 예를들면 유통관계의 전문지나 신문의 정보, 외국의 제휴사에서 보내오는 정보, 또 회사의 사원=경영 컨설턴트가 제공하는 정보, 거래선인 기업으로부터의 정보 등은 비서의 정리를 통해 적절히 제공받는다.

그래서 이것들을 매주 일요일 오전 중에 정리하고 있다. 일요일 아침, 눈을 뜨면 2시간 정도 지난 1주동안 TV에서 방영된 관심있는 프로를 비디오로 시청한다. 나에게 필요한 것은 대부분 30분짜리 10가지 정도인데, 6시간용 테이프로 충분히 녹화된 것을 볼 수 있고, 이미 본 자식이나 집사람의 설명을 들으면서 2시간 안에 끝낸다. 이때도 메모지에 기록한다.

그 다음, 아침 식사를 마치고 오전중 총정리를 완료한다. 대개 2시간 정도 소요되는데, 그 방법은 책상 위에 지난 1주일 간 읽은 책이나 잡지, 비서가 정리하여 제공한 정보 자료, 그리고 행동표와 함께 이것들을 메모장을 중심으로 다시 읽고 여기에서 최소한 필요한 것만을 머리 속에 정리하면서 K&I 노오트(Knowledge & Information Note)에 메모로 옮겨쓰거나 정리하는 것이다. 이 노트야말로 나에겐 보물과 같다. 물론, 반드시 남겨두고 싶은 자료 등을 스크랩 북에 분류시켜 첨부하지만 핵심은 메모인 것이다.

연구에 대한 호기심은 젊다는 증거

이상으로 나의 방법을 대부분 설명하였는데, 이와같은 근면성과 습관 등은 평균 매월 5~10권의 잡지나 신문의 원고 집필, 매월 20회 이상, 1회 평균 2시간 이상의 강연때문인지도 모른다.

그러나, 어쨌든 매일 매일 자기 기억력이 상승되는 것 같은 기분이 들기 때문에 현재는 중단할 수가 없는 것이다. 그리고 근본적인 것은 메모인 것이다. 나 자신이 공부 중독, 메모광적인지는 모르나, '다이에'의 나까우찌(中內) 사장이나 '이토요가토오'의 이토오(伊藤)사장도 나 이상으로 공부벌레들이고 메모광들인 것 같다. 분명히 연구에 몰두한다는 것은 성공인의 기본 조건임에 틀림없다.

연구한다는 것은 재미있다. 예컨대, 8월 22일 고무로(小室直樹)씨에게서 증정받은 그와 야마모토(山本七平)씨의 공저(共著)《일본교(日本教)의 사회학》을 한번에 독파하였는데,

① 일본에는 옛날이나 지금도 언론의 자유가 없다. ② 2차 대전 후 일본은 민주주의 국가가 아니고, 2차 대전 전의 일본도 군국주의 국가는 아니었다…… 등의, 비상식적으로 생각되는 것을 논리적으로 밝혀 충분히 납득되었고, 이에 따라 나의 잘못

된 선입관과 상식에 놀라지 않을 수 없었다. 이와같이 올바르게 알고 있었다고 생각한 것이 사실은 잘못됐다는 것을 알게 되었을 때 여기에서 느끼는 것은 독서의 즐거움이다.

'새로운 친구를 사귀는데 시간이 오래 걸리고 새로운 지식이나 경험의 축적을 귀찮게 생각하면 그 사람은 늙었기 때문이다. 이들 대부분은 이제부터 퇴보는 해도 발전이나 성공과는 인연이 없다'는 것이 인생의 진리인데, 연구를 좋아하는 것은 젊음의 증명이라고 할 수 있다.

이러한 의미에서 성공인의 기본 조건은 우선 '연구에 흥미를 갖는 것'이라고 할 수 있다.

2. 제2의 조건은 '솔직성'

발전적인 사람은 솔직하고, 긍정적

성공인이거나 성공에의 길을 걷고 있는 사람들은 근면하고 연구에 몰두한다. 그러나 크게 성공하려면 이같은 기본조건 이외에 구비되어야 하는 것이 '솔직성'이다. 즉, 이 '솔직성'의 밀도가 성공에의 거리를 단축시킬 수도 있다.

지난 7월 22일, 교토(京都)의 미야꼬 호텔에서 나는 하세가와(長谷川慶太郎)씨, 쓰노라(角田忠信)씨와 함께 저녁식사를 하고 있었다. 그로부터 3일간 그 호텔에서 개최된 '제25회 후나이 원맨 세미나'에 특별강사로 초청받았기 때문에. 이들 두분은 동경에서 응원차 내려 온 셈이고 나와는 친분이 매우 두텁다.

국제적인 에코노미스트, 또 군사평론가로서의 하세가와씨의 능력은 이미 정평이 있었고, 《80년대 경제의 전망》이나 《일본의 국방력》 등의 저서를 통해 그의 선견지명과 분석력은 톱클라스 지식인으로서 확고한 위치를 점하고 있는데, 그와는 이상하리만큼 의기가 투합되고 있다.[나와는 《일본의 선택》을 공저(共著)한바 있다]. 만나기만 해도 즐겁다.

그리고 쓰노다(角田)씨는 3년 전에 유명한 저서 《일본의 뇌(腦)》로서 돌연 각광을 받기 시작했는데, 그 연구 성과는 세계적으로 주목되고 있는 학자이고 동경치과대학 교수로 재직중이다.

나는 이 책이 출판되기 전부터 그의 논문과 사고방식에 매력을 느꼈는데 그의 쓰노다(角田)이론으로 경영기술상의 일본적 특성이 쉽게 설명될 수 있으므로 매우 감동적이었다.

예를들면 ① 일본인은 논리적으로 생각하지 않고 필링(Feeling : 감정)으로 느낀다. ② 혐오감(嫌惡感)에 있어서 프로가 될 수 없다. ③ 능률에서 볼 때 육체적으로 일본인은 서구인을 당할 수 없다, 등 일본인 특성을 쉽게 해명할 수 있는 것이다.

셋이서 저녁을 먹으면서 느낀 것은 두분 모두 '솔직한' 사람이었다는 점이다. 상호간 전문 분야가 다르다고 해도 타인의 이야기를 부정하거나 의문시하는 질문은 한번도 없었다. 화기애애하게 즐거운 식사가 진행되었다.

이때 나의 메모장에는 7가지가 증가되었는데, 그만큼 배울점이 많은 것이 사실이다. 그때의 메모를 해설하면 다음과 같다.

① 7~8세 이전에 아이들에게 영어를 가르치는 것은 바람직하지 않다.

② 아무리 영어에 능숙한 사람도, 어렸을 때 일본에서 성장한 사람은 영어로 생각하는 것보다는 일본어에 의한 사고방식이 정상적으로 판단된다.

③ 아무리 국제화 시대라고 해도 일본인은 중요한 교섭에 있어서 일본어를 써야 마땅하다.

④ 일본어와 외국어의 동시 통역자는 아무리 베테랑일지라도 2시간 정도 통역하면 그후 강한 편두통을 일으키는데, 이것은 일본어와 외국어의 반응이 우뇌와 좌뇌로 다르게 나타나기 때문에 생기는 직업병이다.

⑤ 태어나는 것 보다도 성장 과정이 중요하다.

⑥ '정치의 시대가 온다'고 하지만, 정치는 경제를 위하여 존재한다. 이제부터는 경제의 시대다. 이러한 관점에서 미소 두나라를 보면, 제3차 대전은 발발되지 않으며 3차 오일쇼크도 없다.

⑦ 일본인의 특성은 '동질(同質)민족' '해양성(海洋性) 민족' '이성(理性)·정감(情感) 동거민족(同居民族)' 등이지만, 이것을 올바르게 알고 훌륭하게 발전하여 세계를 위하여 공헌해야 된다.

이 중에서 ①∼⑤까지는 쓰노다(角田)씨에게서 영향을 받은 것이고, ⑥⑦은 하세가와(長谷川)씨로부터 배운 점을 메모한 것이다.

상대방을 설득하는 정공법적(正攻法的)인 솔직성 발상

금년 초, 젊은 정치학자로서 돌연 매스컴에서 각광을 받고 있는 쓰꾸바(筑波)대학 조교수인 나까가와(中川八洋)씨를 만났을 때의 일이다 1945년생인 이 소장학자의 사고방식은 연대적인 차이를 초월하여 깊은 감명을 주게 된다. 그의 저서《초선진국(超先進國) 일본》은 나의 생각과 매우 비슷하였으므로, 우선 "나까가와(中川)씨, 당신의 연구 방법은?" 하고 묻게 되었다.

"이상하게도 후나이 선생의 저서를 읽고 있으면 나와 똑같은

발상인 것 같습니다. 그리고 나의 연구 방법은……" 하고 다음의
3가지 원칙을 말했다.

"① 우선 객관적, 상대적으로 어떤 문제도 관찰하려고 노력합
니다. ② 다음에는, 역사적인 과거로 부터의 흐름을 자료를 통해
본질적, 고차원적으로 파악하고, 분석하려고 노력합니다. ③ 최후
로, 선입견이나 도덕에 의해 현혹되지 않게 하고 그 과정에 있어
서 상대편의 의견을 솔직하게 듣고 이상하게 생각하지 않도록
노력하고 있습니다." 라고,

이와같은 나까가와(中川)적인 견해에 의하면 '지난 수년간
세계적으로 경제가 가장 성장된 곳은 싱가폴과 일본이고, 소련의
경제는 앞으로 심각한 문제가 생긴다'는 것으로 집약된다. 어쨌
던 그의 장점은 정공법적인 솔직한 발상에 있다. 그가 두각을
나타내고 그의 사고방식이 주목받는 것도 여기에 이유가 있는듯
하다.

후회하는 것은 시간낭비다

나에게는 학자와 평론가 등 친구가 매우 많다. 그런데, 그중에
서 유명한 사람들에게는 대부분 공통적인 특성이 있었다.

앞에서 언급한 와다베씨나 고무로씨, 하세가와씨, 쓰노다씨,
나가가와씨 등은 한결같이 솔직하고 순진하기까지 한 것이다.

이들은 학자거나 이와 비슷한 입장에 있는 지식인들이고, 더구
나 학자가 '솔직'해서는 문제가 생기는 것으로 보통 알려지고
있으나, 성공인 내지 성공중인 사람들은 근면과 솔직성, 더구나
순진성이 가장 성공을 단축시키는 조건이 될 것이다.

더구나 경영자에게 있어서는 '솔직성'이야 말로 성공에의 필수
조건이라고 해도 과언이 아니다. 타인의 이야기를 듣고 배운다,

신문과 책을 읽는다, 상식적으로 생각할 때도 그 중에는 거짓과 착오가 있을 것이다.

그러나, 인간이란 연구를 통해 현명해지고 능력이 생기면 무엇이 거짓이고, 무엇이 잘못인지를 자연 판단하게 된다. 나의 입장에서도 유통업계에 관하여 대화하거나 신문 잡지에 게재된 기사를 읽으면 대부분 거짓과 잘못을 자연히 알게 된다.

그러나 이것은 그런대로 이해하면 된다. '그러한 견해도 있구나' 또는 '그 사람의 수준에서는 그런 생각을 할 수 밖에……'라고 솔직하게 받아들이면 어떤 거짓이나 잘못도 그 나름대로 무엇인가를 우리에게 시사하는 바가 있는 것이다.

철저하게 거짓과 착오를 규명하지 않으면 직성이 풀리지 않는 경우가 있으나 성공을 위하여는 그것이 도움이 되지 못한다. 왜냐하면 성공을 목표로 할 때, 한 전향적(前向的)으로 '좋다'고 생각하고 '이것은 된다'고 믿으면서 노력하면 되는 것이므로 옹고집을 부릴 필요가 없는 것이다. 결코 도움이 되지 않는다. 후회하는 시간이란 발전적인 사람에게 아까운 시간이다.

수호신과 점쟁이와도 교류한다

이 '솔직성'이란 것은 '제약이 없다'는 것과도 관련된다. 경영 컨설턴트라는 사업에서 가장 곤란한 것 중의 하나는 하나님(수호신)이나 점쟁이가 의뢰인에게 제약을 가하는 경우이다.

나는 하나님(신)이나 점쟁이를 좋아하며 결코 거부하지 않는다. 능숙하게 잘 사귀면 플러스 암시(暗示)를 주고 자신감이 생기면서 할려는 의욕이 생기므로 하나님이나 점쟁이는 경영에도 효과가 있고 또 어느 편이냐 하면 필요한 존재라고도 할 수 있다.

그러나 '저쪽 방향은 안된다'거나 '이 장사는 전망이 없다' 또는 '저사람을 영업부장으로 기용해서는 안된다'와 같은 점장이의 고집은 바람직하지 않다.

보통 사람들은 믿을 수 있는 분이나 권위자의 말에 의해 강한 암시를 받기 때문에 그들이 '하지 말아라'고 하는 것은 하지 않는 것이 바람직하다. 그러나 이와 같은 제약이 증가되는 것은 무한한 가능성에의 관문을 스스로 좁히거나 닫히게 만드는 것임을 이해해야 된다.

따라서, 나는 경영자들은 목적하는 사업을 후원해 주고 발전적인 암시를 제공하는 신(神)이나 점쟁이와는 교류하는 것이 좋겠다는 의견인데, 쉽게 말하면, 그것을 솔직하게 후원해 준다는 것일뿐 제약을 주려는 것은 아닌 것이다.

트집잡는 컨설턴트는 무능하다

경영 컨설턴트나 지도자를 선택할 때도 마찬가지인데, 여러가지 제약을 가해 할려는 것을 중단시키거나 비판이나 마이너스 조건을 내세워 습관적으로 트집잡는 경우가 있는데 성공·발전하려면 결코 이같은 사람을 스승으로 선택해서는 안된다.

일반적으로, 교육에 있어서 보통 사람들은 자기가 알고 있는 것이나 경험한 것 이상을 가르치기는 어려운 것이다. 자기의 능력 이상은 교육할 수 없는 것이다. 그것은 자기의 지식이나 경험에 구애받기 때문이라 할 수 있다. 그러나 최고의 교육자는 자기 능력 이상으로 배우는 사람의 능력을 개발시켜 그의 사명과 책임을 발휘하게 하는 사람이라고 할 수 있다. 그러므로 상식적으로도 그 방법은 '솔직성' 이외에는 없는 것이다.

예를 들면, 세계 주니어 플라이급 챔피언에 구시켕이 있었는데, 이 선수를 양성한 사람은 복싱에 무경험인 와다나베(渡邊) 트레이너였다. 복싱에 경험이 없는 만큼, 그는 솔직하게 하나의 스포츠로서 객관적으로 관찰할 수가 있었고 자세를 중요시 하면서 기본기에 충실하면서 고도로 생각하는 테크닉을 그에게 논리적으로 가르칠 수가 있었다고 한다.

복싱 전문가의 의견에 의하면, 구시겡의 최고 기술인 '컴비네이션 블로'는 복싱 선수 출신인 트레이너로서는 도저히 훈련시킬 수가 없었을 것이라는 것이다.

나는 교사란 직업이 미숙한 것보다는 경험자가 좋다고 생각한다. 경험이 없는 사람보다는 경험자가 바람직하다. 그러나 아마추어나 미경험자일지라도 '솔직'하다면 솔직하지 못한 경험자나 프로보다는 효과적이라는 사실을 명심하기 바란다.

고속 성장의 핵심은 선견성과 계획성

많은 민족 중에서 일본인은 가장 훌륭하게 변환자재(變幻自在)로 정부에 대처할 수 있는 민족이다. 이것은 지적 수준이 높다는 것에도 원인이 있으나, 아마도 쓰노다(角田忠男)씨가 주장하는 '이성(理性)·정감(情感) 동거형 민족'이기 때문이라고 생각된다.

그의 연구에 의하면, 일본인과 폴리네시아 사람의 뇌는 좌반구에서 이성(理性)과 정감(情感) 두가지를 동시에 처리하는 구조인데 비하여, 그외 사람들은(예컨데, 구미인, 중국인) 좌반구에서 이성을, 우반구에서 정감이 처리된다고 한다.

그런데, 이 일본인의 변환자재성도 지난 2차대전 때의 전술을 살펴보면, 선입관(先入觀)과 통제에 의해 큰 제약을 받은 것을 알 수 있다. 그리고 여러가지 과거의 예에서 알 수 있는 것은,

〈표 4〉 시류 적응의 방법과 매상고 신장법(伸長法)

경제 성장률을 연간 110%로 봤을 때의 패턴화(化)된 결과이다

시류변화에의 적응방법		연간 신장율	5년후의 업적	10년후의 업적
변화에 적응못한다		110%이하	평균적으로 현재의 1.3배	소멸(消滅)
변화에적응한다	변환(變幻)이 심하나 적시(適時)처리	110~120%	평균적으로 현재의 2.0배	평균적으로 현재의 4.0배
	계획적인 변화	120~130%	평균적으로 현재의 3.0배	평균적으로 현재의 9.0배
	계획적인 변화가 없음	130% 이상	평균적으로 현재의 6.0배	평균적으로 현재의 30.0배

해양성(海洋性) 민족, 섬민족인 일본인에게 있어서 가장 중요한 것이 자유와 그에 의한 정상적인 판단인 것 같다. 이것은 지정학자(地政學者)들이 항상 주장하는 일본인 특성이다.

그러면 여기에서 이같은 변환자재한 특성의 일본인이 선견지명(先見之明)을 가지고 계획적으로 행동하면 어떻게 되는가? 물론 원칙적으로 자유와 정상적인 판단력이 전제된 조건이긴 하지만 어쨌던 무서운 위력을 발휘할듯 하다.

표 4는 어디까지나 현상(現象)을 패션화 한 것이지만, 내가 고문 역할을 맡고 있는 1천여 회사의 과거 업적=매상고의 신장 방법을 시류 적용적인 방법으로 분류한 것이다.

이 표는 나의 감각에 의한 분류와 결과이고, 어디까지나 하나의 경향일뿐, 학문적인 논의의 대상이 되는 것은 아니지만, 선견지명을 가지고 계획적으로 대처함으로써 더욱 변화와 적응이 필요한 기업경영에서는 업적이 급속도로 신장하는 것을 알 수 있다.

중기(中期) · 장기 경영 계획의 필요성이 요망되는 이유가
여기에 있다.

솔직성＝객관적이면서 또한 냉정할 것

이와 같은 것을 서술한 이유는, 연구심이 있고 솔직한 사람일
수록, 선견지명을 가지고 계획적으로 살기때문에 성공하기가
쉬워지기 때문이다.

연구에 몰두하는 사람에게는 여러가지 정보가 들어온다. 이것
을 요령있게 정리하기 위하여는 '솔직성'이 첫째다. 예를들면,
선견성(先見性)으로 유명한 가이오(堺屋太一)씨는 '일본에서는
여러가지 정보가 공개되고 있다. 의욕만 있으면 어떤 정보든
대부분 입수할 수 있다. 이것을 객관적으로 냉정하게 분석하면
여러가지 상황을 알 수 있고, 선견지명도 갖게 된다'라고 말하고
있는데, 이것은 객관적으로 냉정하게 즉, 솔직하게 모든 것을
관찰하라는 의미이다. 그가 말하는 '이제부터는 고령화(高齡化)
사회가 되고, 전인구 비율로 볼 때, 노동 인구가 감소되므로 세금
이 높아지며, 앞으로는 사회 복지나 공공투자에의 비율이 저하되
지 않을 수 없을 것이다'라는 선견지명은 매우 솔직하고 정확한
정세 판단이라고 할 수 있다.

그리고, 가장 선견지명에 있어서 1인자라고 할 수 있는 이토쥬
(伊勝忠)상사의 전회상이었던 세지마(瀬島龍三)씨는 1945년
5월에 '소련은 금년 9월 안에 참전할 것이므로 그 전에 종전할
필요가 있다'라고 정부에 충고했다고 한다. 그 이유는 1945년
4월에 소련이 일소(日蘇) 중립조약을 연장할 수 없다고 통고한
것과 독일의 붕괴에 의해 유럽에서 많은 소련군 병력이 시베리
아로 이동된 것이 확인되었고 동시에 일본의 전쟁 수행능력이

앞으로 1년 밖에 없다는 것을 소련이 알고 있기 때문에 겨울이
되면 북만주에서 전쟁이 불가능하므로 대일전(對日戰)에서의
기득권을 획득할 수 있는 여름에 개전(開戰)하는 것이 소련 입장
에서 볼 때, 상식적이라는 것 등은 매우 객관적이고 냉정한 판단
을 종합시킨 결론으로 알려져 있다.

또 세지마(瀨島)씨는 이란에서 팔레비왕 체제가 붕괴된다고
예언했고, 베트남의 캄보디아 침공을 예언한 것으로 유명한데,
그와 같은 베테랑이 되기는 어렵다고 하더라도 누구나 부지런하
고 연구에 의욕적이며 솔직하고 정보 처리에 훈련을 쌓으면 올바
른 선견지명에 가까워질 수 있는 것이다.

달러는 내리고 엔(円)은 오른다

예컨데, 나같은 사람도 세계 정세로 볼 때, 다음과 같은 것을
알 수 있다. 물론 여기에는 하세가와(長谷川)씨로부터 배운 바가
많은 것이 사실이다.

(1) 미국과 소련은 최소한 앞으로 10년 정도 세계 전쟁을 일으
키지 못할 것이다. 그 이유는 현재 두 나라가 병기와 탄약의 보급
을 만족시킬 수 없는 군수 산업 상태이고, 이것은 앞으로 노력해
도 몇년간 개선되기 어렵다. 이러한 현상은 미국 하원군사위원회
가 공개한 군수산업에 대한 보고서나, 현실적으로 F14 및 F15
의 전투기 납기가 45개월~50개월 걸리는 실정에서도 알 수 있
다. 그리고 소련에 있어서는 잠수함의 활동 상태가 비정상적이고
이라크에 대한 탄약 보급도 충분하지 못하기 때문에 별로 두나라
사이가 가깝지 못한 점에서도 추정할 수 있다. 이 양대국에 있어
서 가장 중요한 것은 경제의 재건이다. 그러기 위해서는 실질적
으로 유화적인 데땅뜨 정책을 취하지 않을 수 없고 미소 정상회

담이 반드시 열리지 않을 수 없게 된다.

② 미국과 소련이 데땅뜨로 발전되면, 소련 공포증에 의한 서유럽 여러나라의 미국에의 자산 도피가 감소될 것이므로 달러의 화폐가치는 낮아지고 세계대전이 없게 되면 일본이 가장 덕을 보게 되므로 엔고(円高) 현상이 나타날 것이다.

③ 일본은 경제력과, 그리고 지정학적(地政學的) 입장에서 볼때도 아시아의 번영과 안정에 책임감을 가져야 된다. 그 이유는 현재 한국이 60억 달러의 경제원조를 요구하므로써 한일간에 문제가 되고 있는데, 어쨌던 일본은 중국이나 한국의 경제위기를 극복하는데 있어서 협조하여야 하며 아시아의 방위노력을 정당하게 평가하고 대응하지 않으면 안되게 될 것이다.

나도 이 정도는 알 수 있다. 좌우간 솔직하게 살면, 세상만사를 잘 알 수 있게 된다. 그때문인지 모르지만, 정직한 사람은 발전적인 사람에게 공통된 인간성이라고 알려진 '겸양지덕'이 몸에 베어있는 것 같다. 객관적이면서도 냉정한 분석과 발상, 말하자면 솔직한 분석과 발상을 성공을 위한 조건으로서 반드시 독자 여러분에게 긴장하고 싶다.

3. 제3의 조건은 '플러스 발상형 인간'

좋은 생각을 하면 좋은 일이 일어난다

만나는 사람을 전부 행복하게 만들고 성공시켰다고 하는 죠셉·머피(미국인 목사·철학자·심리학자)는 심리 작용의 여러가지 법칙을 설명하고, 실천 지도한 사람으로서 유명하다. 그의 저서로는 《인생은 생각에 따라 변한다》《광대무변(廣大無邊) 한 정신력의 놀라운 법칙》《당신은 부자가 될 수 있는 무한한 힘을 지니고 있다》《잘자면서 성공한다》등 20여권의 책이 있는 데, 일본 산업능률대학 출판부에서 번역되어 간행되고 있다.

이 머피 이론을 간단히 말하면 다음과 같이 집약된다.

"좋은 일을 생각하면 좋은 일이 생긴다. 나쁜 일을 생각하면 나쁜 일이 생긴다. 그러니까 좋은 일을 생각하라."

이 머피 이론은 마음 특히 잠재의식이 가진 능력의 규격화 (規格化)와 훌륭한 이용법을 설명한 것인데, 현재는 이 이론의 정당성이 많은 학자들에 의해 증명되고 있다.

예를들면, 마음의 연구에 있어서 캐나다의 심리학자 펜 필드박사나 미국의 버지니어대학 이안·스티븐슨 교수 등에 의해 '마음은 불가사의한 에너지를 지니고 있다. 다른 조건이 같은 경우, 그 사람의 믿는 바에 따라 결과가 변해진다'는 것이 이미 증명되고 있다. 또 '캐린튼·머피론(論)'으로 유명한 영국의 4차원 과학자 캐린톤 박사는 '실험이 가능한 한도의 4차원 현상의 세계에서는 믿거나 기원한 것과 같이 어떤 일이 나타난다는 것이 알려지고 있다'고 주장한다.

격노한 사람이 토한 숨결이 몇분 안에 쥐를 죽인다

마음이란 것은 불가사의한 것이다. 다음 이야기는 작고한 경제평론가인 이토오(伊藤肇)씨가 '화를 내는 것은 못난 사람이다'라는 것의 예증(例證)으로 자주 인용한 것인데, 그것은 미국의 심리학자 엘머 키츠박사의 실험 결과에서 나온 이야기이다.

박사는 액체 공기로 냉각시킨 유리관 속에 여러가지 심리상태인 사람들이 토한 숨결을 실험한 결과를 다음과 같이 발표하고 있다.

"보통 상태인 숨결을 넣었을 때는 그 속의 휘발성 물질이 굳어져 무색에 가까운 액체가 된다. 이 액체에 있는 물질은 무해하다. 그러나 화난 인간의 것을 넣으면 밤색의 찌거기가 남는다. 이것을 쥐에게 주사하면 신경과민이 되고 매우 격노한 사람의 찌거기를 주사하면 몇 분 안에 죽는다"고.

결국, 분노하고 화를 내며 심기가 불편한 것은 몸에 해로운 물질을 생산하는 것이 된다.

그리고 마음 고생을 하거나, 주저 주저하는 성격이 소화기 계통을 악화시키고 위궤양을 유발하는 경우도 의학적으로 증명되고 있다. 이와 같이 심리적 작용인 심려나 격노같은 것은 결코 몸에 좋은 것이 아니다.

대머리의 정상화는 절망인가?

생각하는 바가 실현될 수 있다는 것은 반대로 근심할 필요가 없다는 뜻과 같다고 주장하는 사람들이 있는데, 인간이란 원래 이성적(理性的)이고 상식적인 요소가 많은 동물이므로 심리적으로 밑바닥에는 무엇보다도 실현 가능한 것만을 바라고 생각한다는 점에서 여기에는 어느 정도 안심할 수 있다.

예를 들면, 나는 완전히 대머리가 되었는데 50세라는 나이를 생각할 때, 이제부터 머리가 검게 다시 난다는 것은 솔직하게 생각하지 않고 있다.

머피가 말하고 있는 것과 같이 자기 '스스로가 마음 속으로 묘사할 수 없는 것은 실현되지 않는다'는 것이 정신적 에너지이므로, 무엇보다 이 세상은 구조적으로 잘 되어 있다. 안심해도 되는 것이다. 그러나 생각하는 바가 실현되고 분노하거나 우물쭈물하는 것이 바람직하지 않다는 것을 이해하면 훌륭한 삶의 방법을 알게 된다.

① 가능한 한 실현 가능한 큰 꿈을 갖는 것이 제1 조건이고,

② 그것이 가능한 이유를 열심히 탐구한다는 것, 그리고 된다고 생각할 것＝플러스 발상(發想)이 제2조건이다.

③ 그리고 화를 내거나 우물쭈물하지 않을 것＝낙관적 인간, 적절하게 포용할 수 있는 인간이 되는 것이 제3조건이다.

이들 3가지 조건을 종합하면, '플러스 발상'이라고 할 수 있다. 분명히 말해서 발전하는 사람, 성공하는 사람은 플러스 발상 인간이다.

발전하는 사람＝플러스 발상, 희망이 없는 사람＝ 마이너스 발상

옛날, 소매업 컨설턴트로서 인기가 높았던 스베다(須田泰三)씨와 일경유통신문(日經流通新聞)의 여시다(吉田安) 편집장 사회로 '번창하는 상점과 망하는 상점'이란 주제로 대담한바 있었다. 이 대담 내용은 이미 일경유통신문(9월 28일자)에 게재 되었으나, 나는 스베다씨와 함께 6년간 '상점 진단'과 '추천 상점'난을 담당해 왔다.

일류 컨설턴트인 그는 대담을 시작하면서 다음과 같이 말했다.

"경쟁이 심해졌다고는 해도 할려는 의욕과 발전할 수 있는 조건을 탐색한 뒤, 믿고 노력하면 틀림없이 성장된다. 이와는 반대로 발전하지 못하는 사람은 즉시 실현할 수 없는 조건을 찾거나 여기에 시간을 낭비한다. 또 대형 점포가 생겼다거나,

날씨가 나쁘고 또 경기가 어떻다느니 하는 등의 악조건을 들춰내는 것은 발전적이 못된다"고 말했는데 나도 여기에 동감했다.

마이너스 발상과 험담·비판·변명에 능숙한 사람은 발전적이 못된다고 해도 과언이 아니다. 그러나 대부분의 인간이 마이너스 발상형(發想型)인 것도 사실이고, 더구나 인간은 자기를 정당화하지 않으면 안심하지 못하는 지적(知的) 동물이므로 타인에 대한 험담이나 비판 또는 자기 변명에는 능숙한 것이다. 그러므로, 이와같은 비발전적인 특성을 제거하면 비교적 쉽게 성공할 수 있는 것이다.

험담에 대해서도 감사를 표하자

나도 평범한 인간이었고 특히 젊었을 때는 좌절과 실패를 반복했다. 이제는 다시 기억하고 싶지도 않고 누구에게 말하고 싶지도 않으나, 얼마전 집을 수리하던 도중에 실망속에서 방황하던 시절의 일기장을 우연히 발견하여 읽어보았다. 당연히 놀랄 수밖에 없었는데, 여기에는 마이너스 발상과 실패의 책임을 모두 타인에게 전가하는 험담·비판, 또는 자기 변명만이 일기장에 가득했다.

이와 같은 나였으나, 여러가지 사회적 변화 속에서 만난 사람들, 독서 또는 경험 등이 서서히 나를 플러스 발상형 인간으로 변화시켰다.

1965년 경인데, '후나이씨, 인생을 즐겁게 살려면, 자기 주변에서 일어나고 있는 것을 모두 자기 책임이라고 생각하는 것이지요'라고 구보다(久保田) 철공의 전 사장이었던 오따(小田原大造)씨와 그 당시 나와 친분이 있었던 간부인 마노(眞野格三郎)씨가 가르쳐 주었고, '고생을 하다 보면, 여러가지를 알 수 있는데 가장 빨리 알 수 있는 것이 다른 사람을 비난하거나 험담하지 않는 것이 바람직하다' 는 것이라고 그 당시 충고해 준 분은 나고야에서 대형 의류점 '아카노렌'을 경영한 전 사장 이토오(伊藤英明)씨였다. 이제 말한 세분은 이미 고인이 되었지만, 이와같은 가르침을 정직하게 받아 들이고 실천하자 나의 삶이 즐겁게 되고 훌륭하게 발전되었다. 이것은 행운인지도 모른다.

그와 동시에, 본격적으로 심리학·뇌생리학 그리고 옛날부터 좋아했던 역사·종교·철학 등을 연구함에 따라 세상 물정에 대하여 눈을 떴고 40세가 지나자 '마이너스 발상'이나 타인에의 험담·비판·자기 변명에서 졸업하게 된 것 같다. 이렇게 되면 인간이 강해지고, 아무리 고달퍼도 삶이 즐겁고 다행스러운 것이다.

남에게서 비판을 받거나 험담을 듣는 경우에도 순진하게 웃으면서 감사한 마음을 갖게까지 되었다.

예를 들면, 유통업계에서는 나의 정보망이 철저하게 뒤덮고 있으므로 나에 대한 험담이나 비판 등은 칭찬과 함께 들려오게 되어 있다.

얼마 전에도, '모 대형 판매점의 ××부사장이 이런 험담을 하더군요. 주의가 요합니다'라고 우리 회사의 경영 컨설턴트인 A군이 말한 장소·시간·발언 내용 등을 상세하게 보고서를 작성해 주었고 어떤 친구는 '모 대량 판매점의 ××사장은 당신과 친분이 있는 것으로 알고 있었는데 당신을 상당히 무시하더군, 어떤 문제가 있는 것 같애……'라고 주의를 환기시켜 준바 있었다.

이와 같이, 험담이나 비판이 즉시 귀에 들어오는 것 자체가 고맙게 생각된다. 이것이 잘 들어오지 않으면 문제가 생기는 것으로 보통은 잘 입수되지 않는 것이기 때문이다.

그리고 정보가 입수되면 최근에는 냉정하게 객관적으로, 소위 '솔직하게' 이유를 생각하는 습관이 생겼다. 이때 반드시 깨닫는 바가 있다. 여기에서 대책이 세워지고 반성을 하게 된다.

나의 대응책은 매우 간단하다. 우선 험담을 듣거나 비판받지 않도록 생각하고 노력한다. 일반적으로 이것은 대승적(大乘的)으로 반성하고 자기를 뒤돌아 보지 않는 한 불가능한 것이다.

결국 내가 정도(正道)를 가기 위해 노력, 연구하고 자기 자신을 크게 발전시키기 위하여 다른 사람들의 비판과 충고가 나에게 제공된다고 생각하게 되었다. 이와 같이 어떤 일도 발전적으로 생각하면 '플러스 발상'이고 그 결과는 생각한 바와 같이 잘 될 것이므로 분명히 '머피 이론'은 올바른 것이다.

여기에서 한가지 강조할 것은, 이상과 같은 발상과는 달리, 타인에 대한 험담이나 비판은 직접 만나 상대편을 화나게 하지 않을때 이외에는 삼가하는 것이 절대적으로 좋다는 사실이다. 허약한 개인적 입장에서 때로는 타인을 험담하거나 비판하려고 하지만, 그 결과는 그 개인에게 있어서나 상대방에게도 결코 플러스가 되지 않기때문이다. 이것은 경험에서 알게 된 원칙인데, 보통 사람은 험담이나 비판을 듣게 됐을 때, 플러스 발상으로 바꾸기 어렵고, 적대시하는 경우가 흔히 있는 것이다.

발상의 전환만으로 매상고 50% 증가

현재 일본 체인스토어 협회 회장이고, 쥬쿄(中京)지구를 중심으로 대형 판매점을 경영하고 있는 '유니'의 니시가와(西川俊夫) 사장은 행운아 중의 한분이라고 생각한다. 그는 대량 판매점 중에서도 가장 안정되고 1~2년 사이에 크게 발전했다. 이 분의 특징은 철저하게 명랑한 성격이고 더구나 '좋다, 즉시 해보자'

〈표 5〉 3년 전의 '이토오요가도'와 '유니'의 발상적인 차이

(조건) 도시 인구 3만명 상권 인구 5만명 매장 면적 5,000㎡	} 최고 점포(거의 무경쟁인 경우)

(초년도 예산)　이토오요가토 45억엔
　　　　　　　유니　　　　30억엔
(발상)　이토오요가토···플러스 발상(發想)을 가지고 연간 매상
　　　　　　　　　　45억엔을 달성할 수 있는 조건만을 탐색
　　　　　　　　　　한다.
　　　　유니··········마이너스 발상으로 연간 매상고 30억엔
　　　　　　　　　　이 불가능한 조건만을 탐색한다.
(결과)　이토오요가토···45억엔 이상
　　　　유니··········30억엔이 약간 부족함.
※ 현재의 '유니'는 이 도표에서 이토오요가토 형태로 변함

라는 플러스 발상적 체질이다.

　3년전 쯤 된다고 생각되는데 니시가와씨로 부터 다음과 같은 질문을 받은 일이 있다.

　"후나이 선생, 이토오요가토가 우리 쥬쿄(中京) 지구에서 개업 하였으므로 우리 회사와 두 군데서 경쟁상태가 되었는데, 실제로는 대단하다고 생각하지 않습니다. 선생의 분석에도 이토오요가토는 강하고 능률적인 상점이고, 우리 회사는 비효율적인 상점으로 보일 것이지만, 이제 싸움이 붙으면 대항이 가능합니다. 그런데, 두 회사를 효율적으로 비교해 봅시다. 예컨데, 매장면적 3.3 평방 미터당 연간 매상에 있어서 '유니'는 200만엔이 최고인데도 '이토오요가토'는 300만엔을 넘고 있으니 여기에서 유니는 어떤 대책을 세워야 하는가?"라고.

　나는 이때 표 5와 같은 것을 만들어 다음과 같이 설명했다.

'소위 같은 조건 아래에서 상점을 개업했을 때, 예컨대, 표 5와 같은 경우, 개업후 1년간의 매상고를 이토오요가토는 45억엔으로 정하고, 유니는 30억엔으로 예산을 세울 것이므로 예산상으로 우선 1.5배의 차이가 생길 것입니다.

그 다음의 차이는, 요가토쪽이 본사나 판매점, 점원들도 플러스.발상을 가지고 45억엔 이상의 연간 매상고를 올릴 수 있는 이유 및 조건을 생각하는 반면에, 유니는 반대로 30억엔도 매상이 어렵다는 마이너스 발상 이유와 조건만을 생각할 것이다. 여기에서 결과는 어떻게 되는가? 이토오요가토는 45억엔 이상 판매고를 올리는데, 유니는 30억엔도 어렵다는 것이 되지요. 다만, 바로 앞에 경쟁하는 상점이 생기면 상대편에 의해 자극받아 매상고에 변화가 생길 것이다. 따라서 유니도 이토오요가토와 같은 높은 예산과 플러스 발상주의(發想主義)로 변화되는 것이 바람직하다고 생각되는데……"

이것을 듣고 니시가와씨는 '과연 그렇습니다. 좋은 생각이니 즉시 착수합시다'라고 말했는데, 그후 '유니'는 급속도로 매상고가 상승되었다. 플러스 발상의 효과는 이와 같이 즉시 나타나는 것이므로 참으로 즐거운 것이다.

감동은 큰 재산이다. 오래 남겨 둘 것

앞에서 메모의 작성법과 연구 방법, 정보처리 방법, K&I 노트 등을 구체적으로 설명했다. 이것은 어디까지나 '후나이'식 방법이지만, 발전하고 성공한 많은 분들의 방법을 나의 방식으로 재구성한 것이다.

이제까지 기술한 것 이외에도 나는 가끔 매우 감동하는 일이 있다. 그리고 그 감동 상태를 기록으로 남겨 놓으려고 EM노트

(Excited Memorandum note Book)라는 훌륭한 '스크랩 · 북'을 만들고 있다.

감동한 사진이나 자료 등을 부착하고 여기에 문장을 첨가한 뒤, 이것을 볼 때마다 그 감동을 회상하려고 노력하는데, 매월마다 이 EM노트는 내용이 충실해지고 있다.

이 EM노트는 나의 경우 피곤하거나 의욕이 상실했을 때, 또는 전망이 흐릴 경우 다시 관찰하면 발상을 바꾸는데 있어 도움이 된다. 감동을 남긴다는 것은 그 사람에게 있어서 큰 재산을 남기는 것이 될 수 있다. 그 이유를 심리학적으로 분석하는 것은 간단한데, 한마디로 말해서 감동의 핵심은 '플러스 발상적'인 점에 있다고 할 수 있다.

한가지 예를 들기로 한다. 이 원고를 쓰고 있는 시간은 9월 19일 밤인데, 사실은 어젯밤에 오사카를 방문한 마쓰야(松屋)의 야마나까(山中鑽)사장을 오랫만에 만나게 되었다. 이분과는 의기가 투합되어 얼굴만 보아도 즐겁기 짝이 없다.

오후 6시에 만나 오사카의 야경 구경을 한다는 기분으로 밤거리를 산책했다. 그리고 밤에는 유능한 여성경영자로 잘 알려진 다바쓰(田伐功奈)여사가 운영하는 '다가도(田門)'에서 그녀와 함께 만취했다. 거기서 나와 다음에 오사까에서 매우 유명한 다방인 '에잇(8)'에서 메론 쥬스를 마셨다. 이 다방은 자리가 10석에 불과하지만 50년간 할아버지가 운영하고 있는데, 쥬스 맛은 일본 제일로 생각된다. 계속 찾아오는 손님때문에 한 손님이 머무는 평균시간은 10분을 넘지 못하는데, 다방 옆에 흐르고 있는 개천과 그 다리의 정서, 할아버지에게서 풍기는 분위기가 좋아 나는 가끔 그곳을 방문한다.

어쨌던 다른 곳에서는 맛볼 수 없는 특이한 분위기가 있다. 두군데 모두가 경영자의 개성있는 장사 기술, 철저하게 음미된

품질과 한번 찾아온 손님을 놓치지 않는 묘미, 무한한 낭만적인 정서가 번창하는 원인같다고 둘이서 떠들면서 한참 동안을 걸었다.

그때 야마나까(山中)씨가 "후나이 선생, 호우센지(法善寺)를 한번 가봅시다"라고 말했다. 이 사찰에서 나는 감동했다. 나는 부동존(不動尊) 앞에 물을 떠놓고 촛불을 켠 다음, 열심히 부처님 앞에서 합장, 기도하는 그의 모습을 보면서 현재 가장 각광을 받고 있는 그 유능한 백화점 경영인의 가슴이 나의 가슴을 울려 이상한 감동으로 눈물을 흘리게 했다.

이 감동을 EM노트에 기록하려고 아침에 일어나 우선 노트를 펼쳐 보았다. 전에 기록했던 것을 읽어보았다. 이때 느낀 것은 나의 EM노트는 '플러스 발상'에 가득찬 것을 알 수 있었다.

어젯밤의 감동을 남기기 위하여 나는 지금 쓰고 있는 이 원고가 발간됐을 때, 이 기사를 복사하여 부착시키려고 한다. 그리고 어젯밤에 법선사(法善寺)에서 부적을 두가지 샀다. 그중의 하나는 야마나까(山中) 사장의 비서인 노구찌(野口芳江)양에게 전해달라고 야마나까 사장에게 부탁했고, 또 하나는 이 노트를 살 보존한다는 뜻에서 여기에 붙여놓으려고 생각하고 있다. 아마도 이 노트를 볼 때마다 나는 어제의 감동을 다시 느끼게 될 것이다. 이 EM노트는 이같은 기록장이면서 나에게 있어서는 대신할 수 없는 감동을 불러일으키는 에너지원이기도 하다.

이 EM노트의 전회분 수록은 '1981년 8월 24일, 혼슈(本州) 최북단, 해협의 여관에서'라고 되어 있고, 하북반도의 북단, 하풍려 온천인 장곡(長谷)여관 팜프렛과 이노우에(井上靖)씨의 유명한 작품인 《해협(海峽)》의 표지 카피가 부착되어 있고, 그 아래에 다음과 같은 문장이 씌어 있다.

지금은 1981년 8월 24일, 오전 4시 31분이다. 지금 나는 혼슈

(本州)의 북쪽 끝 시골 온천여관의 어느 방에서 심한 태풍의
파도를 바라보면서 행복한 감동으로 펜을 들고 있다.

① 어쨌던 나는 행운아다. 태풍 속에서도 예정과 같이 모든
스케줄이 진행되었다. 더구나 태풍속을 5시간 동안 자가용으로
북상(北上)하는 강행군이었는데, 보통의 경험이 아니었다. 그리
고 이 여관방은 내가 좋아하는 인기작가인 이노우에씨가 유명한
작품《해협(海峽)》을 쓰려고 체류했던 곳이라고 하는데, 이 여관
에 도착하여 여기에 올때까지 몰랐기 때문에 더욱 즐거운 것이었
다.

② 아아 온천탕이 넘치고 있다.

　　혼슈(本州)의 끝 바닷가에서
　　눈쌓이는 온천여관의 목욕탕 물에 잠겨
　　나는 지금 유황(硫黃) 냄새를 맡고 있다.
　　무엇때문에 여기에 온 것이냐
　　아름다운 아가씨의 환영(幻影)을 씻기 위하여
　　나는 여기에 온 것이다.
　　스기하라(杉原)는 시인이 되어 있었다.

　　　　　　　　　　　　　　　── 井上靖 '해협'에서

③ 어제 저녁 6시, 이 여관에 도착했을 때는 태풍 통과 직후여
서 바다는 격랑속에 휘몰아쳐 있었다. 그러나 그 웅대함과 아름
다움이 나를 사로 잡았다. 시인이 된 것일까?

자연이 신(神)에게 말하고 있다. 평소에는 온화하고 은혜 깊은
자연, 침묵을 지키는 자연이나 하나님이 성난 태풍 파도와 함께
부르짖고 있다.

'너도 자연의 아들이 아닌가? 최근에는 자질구레하다. 이 자연
처럼 스케일을 넓혀라. 당당히, 여유있게 강하게 사는 것이다.'

약 1시간 정도, 거친 파도에 매료되어 있었으나 '식사 준비가

되었다'는 말에 현실로 되돌아 왔다. 그러나 분명히 한가지 결심은 있었다.

'어떤 일이 있거나 어떤 경우라도 소심하지 말고, 우물쭈물하지 말고, 그리고 당당히 여유있게 정공법(正攻法)으로 살자. 가급적 큰 인간이 되자' 라고 생각했다.

제3자인 독자에게는 이런 문장이 다분히 감상적으로 느낄지 모르나 감동을 경험한 분이라면 이것으로 충분히 감동을 재현할 수 있다.

EM노트는 이것만으로 충분한 역할을 하고 있다. 여기에서 독자에게 권고하고 싶은 것은 감동의 기록은 의식적으로라도 남겨두는 것이 좋다는 것이다. 그것은 그에게 있어서 플러스 발상이 집약된 것이므로 반드시 최대 재산이 되기 때문이다.

마이너스 발상(發想)은 마음의 '병'

마지막으로 내가 즐겨 암송하고 있는 시(詩)를 하나 소개하기로 한다. 사토오(佐藤春夫)의 작품인 '병(病)'이란 시다.

병(病)

탄생과 함께 나라를 부끄럽게 하는 것.
오래된 연정(戀情)을 던지는 것.
부정(否定)을 심히 좋아하는 것.
지나치게 나를 아는 것.
많이 마시면 취하듯, 슬픔을 먼저 생각하는 것.

제 2 장

이렇게 하면 성공한다

앞장에서, 발전하고 성공하는 사람에게 있어서 공통된 인간적 조건 3가지를 상술했다. 이것은 '노력하는 태도', '정직성', '플러스 발상형(發想型) 인간'인데, 이러한 조건을 구비하는 것이 별로 어려운 것은 아니다.

경영 컨설턴트로서 이미 20년간 이상, 성공을 위한 어드바이즈 서비스를 계속해 왔으나 생각해 보면 처음 10년간은 자주 실패했다. 그러나 그 다음 10년간은 거의 실패하고 있지 않다. 그 이유는 많은 경험을 축적하고 베테랑이 되었기 때문이기도 하고, 발전하고 성공하기 위한 과정이나 특성이 나름대로 확보된 때문이다.

그것이 후나이식 경영 컨설턴트 방법이나 후나이식 경영법 등으로 항간에서 불리우고 있다. 여기에서는 주로 나의 경영 컨설턴트법을 소개하려고 한다. 누구나 성공할 수 있다. 제2장에서는 성공하기 위해서 이렇게 생각하고 이렇게 행동하는 것이 좋다고 하는 '성공에의 길' 이라는 한가지 과정의 소개라고 생각하면 된다.

1. 우선 인간적인 조건 3가지의 필요성

바람직한 손님은 불과 20%

매일 많은 사람이 상담하기 위해 찾아온다. 이들은 크게 두가지로 분류된다. 한가지는 현재 매우 훌륭하게 경영하고 있다. 업적도 있으나 장래를 위해 의견을 듣고 싶다. 또 더욱 발전하고 싶다는 사람들이다. 다음 한가지는, 경영 내용이 예상한 바와 같지 않으나 어떤 방법으로든 발전하고 싶다는 사람들이다.

비율은 상담하러 오는 숫자로 볼때, 전자(前者)가 20％, 후자가 80％이다. 이것을 의학적으로 비교하면, 예방과 장래의 건강을 위한나는 미래지향적인 사람이 20％이고, 발병으로 치료가 매우 힘들다는 형태인 질병 치료형이 80％라고 할 수 있다.

그런데, 상술(商術)의 귀재(鬼才)로 알려지고 있는 고바야시(小林一三)옹은 '돈 벌이라는 것은 이익을 보는 사람으로부터 만들 것'이라고 말하고 있다. 그리고 마쓰시다(松下幸之助)씨는 '운이 좋은 사람과 함께 돈을 벌것'을 강조하고 있다.

이런 의미에서 본다면, 경영 컨설턴트라는 사업에서 바람직한 손님은 전자(前者)인 미래지향적인 사람들이다. 그리고 다행히도 이같은 유형에는 제1장에서 말한 '발전, 성공인에게 공통된 인간적 조건 3가지'가 거의 전부 구비되어 있다. 이들은 돈을 벌수 있고, 그리고 운이 좋은 사람들이다.

문제는 80％의 병적인 상담자이고 질병 치료형인 사람들이다. 경영이 원활하지 못한 이유를 흔히 다르게 해석하지만, 근본적인 것은 인간성에 있다. 그래서 병자가 되기도 하는데, 재수가 없는 사람이기도 하다. 이들은 우선 노력형도 아니고 솔직하지도 못하다.

어떤 충고를 하면, 그것이 실현 불가능하다는 것을 여러가지 이유와 함께 변명한다. 이들은 마이너스 발상에 숙달된 사람들이다. 발전되기 보다는 망하고 싶지 않다는 사람도 많다. 우리 입장에서 볼 때, 사업 관계라고는 하지만 별로 바람직하지 않은 고객이다.

그러나 애써 나에게 찾아왔으므로 어쩔 수 없이 어떤 실례를 들면서 설득하도록 노력하고 있다. 이것은 매우 중요한 일이다. 설득이 됐을 때는 나의 도움을 받아 노력을 경주하게 되고, 이익이 생기므로 즐겁기 때문이다.

이 책을 발간하는 중요한 이유 중 하나에는 이 책을 읽게 되는 독자의 의욕에 따라 설득하는 노력이 상당량 감소된다는 개인적 욕심이 있는 것도 사실이다.

누구에게나 가능성은 있다

인간으로서 탄생한 이상 ① 두뇌 회전이 좋고 ② 의지가 강하며 ③ 이 세상을 위해, 인간을 위하여 노력 봉사하지 않으면 안된다. 이같은 능력을 갖기 위하여는 '노력형'이고 정직하며, 그리고 '플러스 발상형(發想型) 인간'이 되는 것이 가장 바람직하다. 그 이유는 이들 3가지 조건을 구비하면 인간의 '노력'이 대의명분을 갖게 되고 노력하지 않으면 두뇌 회전도 나빠지고 의지도 강해지지 않기 때문이다.

우선, 이같은 인간에 대하여는 '어떻게 인간이 탄생했는가?' '인간으로 탄생한 이상 어떻게 살것인가'부터 설득하기 시작하고 있는데, 작년 비지니스사(社)에서 발행한 《포용성(包容性)의 발상》은 인간을 가급적 과학적으로 해명하고 설명한 내용이므로 이같은 설득을 충분히 도와주게 된다. 같이 병행하여 읽는 것이 바람직하다.

어쨌든, 이 병적인 상담자의 대부분은 이 책을 읽게 되거나 2~3회 대화하게 되면 '노력형', '솔직성', '플러스 발상형 인간'으로 바꿔지는 사고방식을 갖게 된다.

한편으로, 나의 설득력이 부족할 때는 정신적인 상처를 가지고 귀가한다. 애써 상담하기 위해 온 손님이 치료받지 않고 간다는 것은 경영의 의사인 나로서 매우 유감스러우나 역부족임을 시인할 수 밖에 없다.

그 중에서도 어떤 고객(환자)만은 반드시 치료되어야겠다는 것이 현재 나의 꿈이지만 결과는 아직 불확실하다. 어쨌던 여기까지 설득하면 질병은 우선 치료된다고 생각해도 된다. 그뿐만 아니라, 초건강체(超健康體)가 될 가능성이 50%이상 나왔다고 해도 좋을 것이다. 덧붙여서 나를 찾는 손님 중 20%만이 바람직하다는 것은 누구나가 초건강체가 될 가능성이 충분히 있다는 것이 될 것이다.

좋은 인상을 갖도록 노력할 것

최근 어떤 분이 찾아와 나에게 불가사의한 태도로 말했다.

"나는 선생의 사업을 좋은 장사라고 생각합니다. 그 이유는 당당하게 돈을 벌 수 있고, 원가는 거의 없기 때문입니다. 부럽게 생각했지요. 그런데, 최근 병으로 입원하고 절실히 느꼈습니다. 결국 선생은 경영의 의사이기 때문에 당연한 것으로 이해합니다. 의사란 것은 골치아픈 직업이고, 그러니까 자존심을 가질 수도 있다고——.

의사란 실속있는 장사라고 생각했지만, 항상 병자와 만나는 것이므로 생각에 따라서는 비극적인 직업이지요. 나의 주치의는 유명한 분인데, 다음과 같이 말했습니다. "의사도 인간이고, 만나는 사람에 따라 영향을 받지요. 환자와 항상 만나고 있으면 어쩔 수 없이 허약해지기 마련이다. 그것은 악인과 상대하고 있는 형사나, 어두운 뉴스만을 취재하는 경찰 출입기자가 특히 주의하는 것은 재수가 없는 사람이나 악인과 접촉해도 그들의 영향을 받지 않도록 하는 것과 같이, 의사도 마찬가지이기 때문이지요.

그러니까 유명한 의사가 될려면, 완치시켜 환자를 즐겁게 해야만 됩니다. 남을 즐겁게 하는 것은 선량한 마음으로부터 나오지요. 그러나 이것은 매우 어려운 것으로, 의사가 너무 잘난체하거나 무뚝뚝하다고 여러가지로 비판받지만, 좋은 인상을 가지려고 진실한 의사는 전심전력 노력하고 있지요"라고.

그런데, 후나이 선생 이야기를 듣고 있으면, 인간이란 접촉하는 사람에 따라 크게 영향을 받으므로 '운이 나쁜 사람과는 만나지 않는 것이 좋다'는 것이군요. 그래서 '나는 좋은 인상 만들기에 열심이다. 좋은 인상을 가지려고 생각하면 풍요로운 마음인 사람들과 주로 만나는 것이 가장 현명하다'고 하는군요.

그러나 다시 생각해 볼 때, 선생은 사업적인 의사와 비슷하므로 환자뿐이라고는 할 수 없으나 대부분 사업적인 환자들과 자주와 만나게 됩니다. 재수가 없는 사람, 마음의 여유가 없는 사람들을 사업상 만나게 되지요. 이것은 말하고 있는 것과 실생활이 반대인 셈입니다. 이렇게 생각할 때, 선생의 사업에 대해 부러운 생각이 없어졌지요.

그런데도 후나이 선생은 객관적으로 보아 행운이 많은 것으로 보이고, 부러운 것은 아니지만, 신용할 수 있는 좋은 인상을 갖고 있는데, 어떤 이유입니까?"라고.

실제적으로 나는 행운아인지, 좋은 인상인지를 잘 모른다. 그러나 '플러스 발상형 인간'이므로 '나는 운이 좋다'고 생각하고 있다. 또 좋은 인상을 갖고 싶다고 항상 생각하고 있다. 좋은 인상을 가질 수 있는 원리와 원칙은 알고 있으므로 매일 의식적으로 노력하고 있다.

그리고 만나는 사람, 특히 직업상 관계있는 분들에게는 행운이 있기를 바라고 있고, 좋은 인상을 갖도록 생각하고 있다. 노력도

하고 있다. 왜냐하면 이것이 경영 컨설턴트의 기초기술이라고 해도 결코 과언이 아니기 때문이다. 그리고 그 처리 방법은 '노력형', '솔직성' '플러스 발상형 인간'이 되도록 충고하고 있다.

이것은 말하자면 좋은 인상 갖기의 원리나 원칙과도 일치되므로 여기에 입신(入信)할 정도의 적극성이 없으면 후나이식의 경영 컨설턴트가 되기는 불가능한 것이다.

우리 회사 사원을 비롯하여 경영 컨설턴트를 지망하는 사람들에게도 '우선 좋은 인상 만들기가 핵심이다'라고 권고하고 있고, 의뢰인에게 대해서도 마찬가지다.

2. 무엇보다도 우선 목적의 확인

대의명분 있는 목적은 능력의 원천이다

나의 경영 컨설턴트 방법은 제1장에서 설명한 '발전·성공하기 위한 인간적 조건'인 '노력·정직·플러스 발상형'을 긍정하고, 보다 적극적인 사람은 여기에다 확실한 목적, 특히 대의명분에 알맞는 목적을 가졌는가 여부를 확인하는 것이다.

여기에서 문제되고 있는 것은 나에게 기업진단을 의뢰하고 있는 분들의 대부분이 목적조차 없으며, 인간성이나 대의명분 같은 것은 생각조차 할 수가 없다는 것이다.

인간이 무엇을 성취하려면 어쨌던 목적이 필요하다. 인생 목적이건, 경영 목적이건 목적없는 인간이 힘을 발휘할 수 없다. 더구나 목적은 대의명분이 있고, 인간성에 알맞는 것일수록 효과적인 것을 알 수 있다.

내가 살아가는 이유

김남석/편저 값 15,000원

세계적인 철학가 15인의 행복론과 인생론. 오늘 내가 살아가는 이유는 무엇일까. 나를 위해 살아가는 것일까. 침묵...허무...공허. 그리고 숱한 생각과 생각들. 삶에 있어 가장 중요한 것은 쾌락의 추구가 아니라 내가 존재하는 이유가 있느냐 없느냐가 아닐까? 나의 존재 이유와 삶의 의미를 되새겨본다.

21세기 인간경영

마쓰모토 쥰/ 후나이 유끼오 공저

시대를 앞서가는 경영을 하고 싶은가? 그렇다면 먼저 인간경영을 하라. 일본내 1,500개사 경영고문을 맡으며 30년간 100% 경영실적을 성공시킨 세계적인 경영컨설턴트의 성공노하우. 그가 관여하는 곳마다 성공하는 바람에 세계적인 대기업들이 앞다투어 그의 경영노하우를 배우려 하고 있다. **값 15,000원**

허튼소리 (1. 2권)

걸레스님 중광/저

21세기 최대의 기인! 반은 미친듯 반은 성한듯이 세상을 걸림 없이 살다간 한 마리 잡놈 걸레스님! 중 사시오! 내 중을 사시오! 그는 진정한 성자인가? 예술가인가? 파계승인가? 아니면 인간 중퇴자인가?

값 15,000원

값 15,000원

업(전9권)

지자경/안동민/차길진 공저

세계적인 영능력자 지자경, 안동민, 차길진이 밝히는 영혼과 4차원세계의 전모! 나의 전생은 무엇이며, 전생에 지은 죄는 어떻게 소멸할 것인가? 저승세계는 어디쯤 있을까? 저 광대한 우주 공간의 어디쯤에 천당과 지옥은 있는가? 그리고 어떻게 살다가 갈 것인가?에 대한 명쾌한 해답을 내리고 있다.

영혼과 전생이야기 (전3권)

안동민 편저

당신의 전생은 누구인가? 사후에는 무엇으로 환생할 것인가? 사람이 죽으면 어떻게 되는가? 이승과 저승은 어떻게 다른가? 전생을 볼 수 있는 원리는 무엇인가? 사람은 왜 병들게 되는가? 운명은 누구나 정해져 있는가? 이 영원한 수수께끼에 대한 명쾌한 해답!

값 13,500원

베트남 전쟁과 미국

1960년대부터 1970년대에 걸쳐 미국은 세계의 지도적인 국가로서 강력한 힘을 발휘하였다. 세계 최고의 생산품을 만드는 국가였고 휴머니즘이 넘치는 모범적인 국가였다. 그러나 오늘날의 미국은 국내외적으로 너무나 많은 문제점에 봉착하고 있고, 국제 경쟁력도 20여 년 전에 비해 매우 뒤떨어지고 있다. 오늘날 이같은 상황에 봉착한 원인중에는 무엇보다도 목적이 애매했던 베트남 전쟁에서 참패했기 때문인 것으로 알려지고 있다.

세계 제1의 군사력을 과시했던 미국이 월남전에서 후퇴한 것은 목적과 대의명분이 없었기 때문에 자업자득한 역사의 아이러니로 평가받고 있다.

좋은 직장은 미인을 만든다

목적이 있을 때, 인간은 목적 달성을 위해 노력한다. 그런 의미에서 목직은 노력할 만한 가치가 있는 것일수록 좋다. 인간성에 알맞고 대의명분이 있으면 있을수록 좋은 것이다. 노력중인 사람은 지지부진해도 전진하고 있다. 전진하고 있는 사람의 얼굴은 엄숙하고 긴장되어 있다. 그것이 아름다움을 만들고 인상좋은 얼굴을 만든다.

일반적으로 여성이 결혼하면 결혼 전에 비해 급속도로 아름다워지거나 봉급자가 정년퇴직하면 쉽게 늙는 것은 목적 상실의 결과에서 나오는 구체적인 현상이다. 이러한 점에서 볼때, 발전적인 기업이나 상점이란 것은 여성종업원이 미인이 되고 남성들이 활기차면서도 인상이 좋은 얼굴로 변하는 직장이라고 해도 과언이 아닐 것이다.

제1의 목적 : 세상을 위해, 인간을 위해

이제부터 나의 직업적인 이야기를 시작하겠는데, 후나이식 경영 컨설턴트 방법은 크라이언트(의뢰인)의 목적 확인, 또는 목적 만들기의 충고로 부터 시작된다.

이때의 중요 핵심을 그 목적 속에 반드시 다음 3가지를 포함시키지 않으면 안된다는 것이다.

그중 하나는 천직(天職)발상 및 대의명분인데 예를 들면 경영 목적이라고 할때, '자기가 종사하고 있는 이 장사는 천직이고 이것을 통하여 자기의 인간성을 향상시킬 뿐만 아니라 이 세상 사람을 위해서, 손님을 위해 봉사한다'는 것이 된다.

일반적으로 누구나가 자기가 살기 위하여 일한다는 것까지는 쉽게 이해하지만, 자기의 인간성 향상이나 세상과 인간을 위한다는 것은 잘 납득하지 못한다. 천직에 대한 발상도 마찬가지이다.

더구나 이미 말한것과 같이, '인간의 본성은?' '무엇때문에 인간이 태어났는가?' '살아 온 목적은?' 등과 같은 의문과 접촉함으로써 스스로가 이해력을 확충하도록 한다. 이것이 가장 중요하며, 이것을 목적 속에 포함시키면 더욱 발전하게 되고, 성공률은 80%까지 보증할 수 있다.

제2의 목적 : 능력을 갖춰라

그 두번째로, 경영 목적은 본질적인 목적인 '돈을 벌겠다'는 사실이다. 인생의 목적은 '인간으로서의 능력을 갖자'가 된다.

이 두번째 목적은 누구나가 비교적 쉽게 납득하고 있다.

그중에는 경영 목적으로서 '생활만 되면 좋다. 돈을 벌지 않아
도 좋다. 아니 번다는 것은 죄악이다'와 같이 엉뚱한 말을 하는
사람이 있는데, 현대사회에 있어서 기업체라는 것의 사회적 의미
를 설명하면 누구나가 이점을 쉽게 100% 납득하게 된다.

기업이란 것이 돈을 벌게 되므로써 존재의의와 가치가 있다는
것은 어떤 경제원론에도 설명되어 있는 것이다.

제3의 목적 : 크게 발전하자

3번째 목적으로서, 경영목적은 '크게 발전하고 싶다'는 것인
데, 인생 목적과 관련시키면 '많은 종업원을 두거나, 지도적 입장
에 서고 싶다'는 것이 된다.

크게 발전되고, 많은 종업원을 부린다는 것은 인생의 목적으로
서 과연 올바른 것인가 하는 의문을 제기하는 사람들이 있지만,
나는 상식적으로 보아도, 로고스(논리)적으로나 파토스(정열)
적으로 볼때도 인간성이란 이것이 옳다고 생각한다.

대부분 사람들은 자기가 경영하는 기업을 크게 확장시키지
못하거나 종업원을 증가시키지 못하면서도 인간은 자기를 정당
화 하려는 특성이 있으므로 그런 사람들이 중심이 되어 이같은
의문을 제기하는 것으로 보는 것이 올바른 것 같다.

인간으로서 태어난 이상, 머리 회전을 빠르게 하고 의지를
강화하며 능력을 가지고 세상을 위해, 인간을 위해 공헌하고
봉사하는 것은 누구나가 생각해도 올바른 인생 목적일 것이다.
경영자에게 능력이 생기면 기업인 경우, 틀림없이 확장될 것이고
한사람의 인간이나 개인에게 있어서도 많은 종업원의 지도자가
되지 않을 수 없게 되는 것이다.

3가지 중 하나가 빠져도 안된다

이 3가지, 말하자면, ① 세상과 인간을 위하여 노력한다. ② 자기가 경영하는 기업의 수익을 올린다. ③ 그리고 그 기업체를 확장시킨다는 3가지 포인트를 충족시킨다는 경영 목적이 작성되었다면 우선 성공의 제일보는 확실하다고 생각할 수 있다.

그리고, 개개의 인간에 있어서도, ① 세상과 인간을 위해 노력하고, ② 인간으로서 능력이 생기며, ③ 지도적인 입장에서 되도록 인생목적을 세우는 것이 올바른 인간으로서의 첫 출발점이라고 나는 생각한다.

어쨌던 목적에서 이제 기술한 것과 같은 3가지 핵심이 있는지를 확인할 것. 만일 없다면 설득하여 갖게 하는 것이 경영 컨설턴트법의 제일보이다. 그 이유는 이 3가지 목적 중, 하나만 빠져도 발전 및 성공할 가능성이 없다고 경험상 말할 수 있기 때문이다.

3. 스승과 친구 만들기를 위한 충고

가장 가까운 목적 완수는 '스승과 친구 만들기'

후나이식 경영 컨설턴트법의 가장 큰 노하우는 '스승과 친구 만들기'를 돕는 것이라고 나는 생각한다. 나는 이를 위한 어드바이저(충고자)인 것이다.

인간적인 조건 3가지를 지니고 있고, 3가지 핵심이 함유된 목적을 가진 사람에게 그 목적에 알맞는 '스승과 친구'를 소개하는 것이다. 실례를 들기로 한다.

내가 경영하는 일본 마케팅센터에서는 연간 2회 '소형점(소규모 소매점 및 음식점)을 위한 급속 성장 세미나'를 개최하고 있다. 이 세미나의 주요 포인트는 어디까지나 참가자에게 스승과 친구를 소개하는 것에 달려 있다.

구체적으로 말하면 이 세미나에 참가하는 소매점의 평균 연간 매상고는 1억엔(円) 정도이고 그 업종과 영업상태는 소매·음식점 등 여러가지 분야가 포함되어 있다.

그리고 이 세미나에서는 가급적 많은 업종과 영업상태에 걸쳐 2인 이상의 특별강사를 초청하여 경험담을 듣고 있다. 몇년 전까지도 이 특별강사는 참가자와 거의 비슷한 상점의 경영자였으나 현재는 연간 매상고나 이익도 참가자의 5~10배인 사람을 초청하고 있다. 참가인들은 세미나에서 약 10명 정도의 특강 인사의 강의를 듣고 그리고 밤에(끝난 후) 자기가 스승으로 모시고 싶은 강사의 방을 방문하여 늦게까지 상담하도록 되어 있다.

스승과 상담한 사람들은 발전 방법을 안다. 그리고 자신을 갖게 된다. 발전 및 성공한 사람들은 일반적으로 결코 자기 경험의 공개를 두려워하지 않고 적극적으로 가르켜 준다.

다음에는 같은 특별 강사 숙소를 방문한 사람들끼리 친구가 된다. 올바른 친구는 서로 격려하고 경쟁한다. 이렇게 하여 스승과 친구가 형성되면, ① 의욕이 생긴다. ② 경쟁이 있으므로 더욱 열심히 노력하려는 의욕이 생긴다. ③ 방법을 알고 있으므로 시행착오 없이 확실히 발전하며 성장이 가능해진다.

후나이식 경영 컨설턴트 방법은 손을 잡아 끄는 것보다도 스승과 친구를 소개하므로서 인간성에 눈뜨게 하며 업적을 향상시키도록 하는 것이다. 그러므로 스승과 친구 만들기를 도와주는 것이 무엇보다도 좋은 결과를 만드는 것이다. 경영 컨설턴트로서 백전백승(百戰百勝)의 좋은 성적을 올린 이유 중 대부분은 여기에 있다고 할 수 있다. ____

능률의 근본은 '① 진취적 의욕 ② 경쟁 ③ 모델'이다

대학 졸업후 처음 취직한 곳이 재단법인 안전협회(安全協會)였고, 그 부속 연구기관인 산업심리연구소였다. 여기에서 능률이란 무엇인가를 철저히 배웠다. 최근에는 별로 실행되지 않고 있으나 1970년대에는 대졸(남자)사원들에게 입사 후, '사회 구조'와 '능률적인 처세법'의 중요성 등을 가르키기 위한 특별한 교육방법이 있었다. 이것은 내가 사회 1년생일 때, 산업심리연구소에서 배웠는데, '우표 붙이기'라는 것이었다.

대졸 신입 사원(남성)들에게 1,000장씩 우표를 주고 봉투에 붙이도록 명령한다. 1시간 후 점검해 보면 대부분 미완성이다. 보통 80~120분 소요된다. 다음에 수명의 여성들에게도 1,000장씩 주고 경쟁적으로 붙이도록 한다. 여성들은 빨리 끝난다. 이 광경을 남성들에게 보여 준다. 여성들은 열심히 경쟁하므로 빠르게는 20분, 늦어도 50분 안에 끝나는 것이 일반적이다.

다음에는 80~120분에 끝낸 남성과 여성 중에서 가장 늦은 50분 걸린 여성에게 다시 한번 1,000장씩 주고 붙이도록 시도한다. 이번에는 20분만에 끝낸 여성들을 모방하도록 지시한다. 그러면 남성도 25~35분 정도에서 끝낼 수 있고, 50분이 소요된 여성도 35분 안에 붙인다.

이 결과를 가지고 남성 사원들에게 다음과 같이 말할 수 있는 것이다.

"××씨, 처음에 1,000장을 가지고 80분 이상 걸린 것은, ①

하겠다는 진취적 의욕이 없었고, ② 경쟁의식이 없었기 때문이야. 여성들도 하겠다는 의욕과 경쟁 의식이 있으면 20~50분 안에 끝냈으니까……. 그 다음에 가장 늦은 여성과 그대가 가장 빠른 사람을 모방한 결과 35분에 끝낼 수 있었지. 이것은 능숙한 사람의 방법을 그대로 모방한다는 것 즉, 좋은 방법을 받아들이면 능률이 오른다는 증명이지. 이와 같이 훌륭하게 살려면 항상 스승이 필요하게 되고 배우면 발전하기 마련이지.

하겠다는 의욕과 경쟁은 친구가 있을 때 가능하고, 스승이 있으면 의욕과 능률 향상에 연결된다. 일생동안 훌륭한 스승과 친구를 발견하고 끊임없이 하겠다는 의욕으로 경쟁하면서 발전하도록 하기 위해 '우표 붙이기'를 실천한 것이므로 이 교훈을 망각하지 말도록——"이라고.

현재는 옛날과 달리 신입사원에게 이러한 교육을 할 시간이 없지만, 옛날 이같은 교육을 받은 사람들은 가끔 만날때마다 '우표 붙이기'가 좋은 교육이었다고 회고하는데, 항상 '스승과 친구 만들기'를 잊지 말아야 발전되는 것이다.

가장 가난한 마을이, 40년 만에 가장 부자 마을로

상당히 오래 전 일인데, 나는 북해도의 시코우(士幌)를 방문했다. 시코우 농협의 야스무라(安村志明) 전무를 만난 것은 라이꼬(帶廣)에서의 강연에 참석한 뒤였는데, 이 시코오란 이름은 일본의 농업관계자 중에서 모르는 사람이 없을 정도로 유명하다. 시코오 농협은 단위조합으로서는 일본에서 가장 사업적으로 성공한 농협이다. 동시에 이곳 농민들은 가장 부유한 사람들이라고 해도 지나친 말이 아니다.

예를들면, 1981년도 이곳 농가 1호당 매출이익은 2천만엔이넘

고, 1호당 소득도 7백만엔에 이르고 있다. 그리고 1호당 저축액
도 3천만엔이 넘는다.

그러나 약 30년 전, 시코오의 농가는 일본에서 가장 빈곤한
곳이었다. 당시 1호당 차입금은 약 40만엔이었다. 이와 같이 빈곤
한 농가가 40년만에 가장 풍요로운 농촌으로 변한 것은 시코오에
다이타(太田寬一), 야스무라(安村)같은 위대한 지도자가 있었기
때문이다.

다이타씨와 야스무라씨에 의하면, 오늘날과 같은 풍요로운
시코오가 된 것은 아끼마(秋間勇)라는 수의사와 이이지마라는
수의사 겸 우체국장, 그리고 다이타(太田)씨 3인의 만남이 동기
가 되었다고 한다. 이 3인은 나이도 비슷하고 농촌의 고통을
피부로 느낄 수 있는 휴머니스트였다고 생각되는데, '우리들은
농촌을 유토피아로 만들어야 된다'라는 목적을 가지고 서로 협
력, 격려하고 경쟁적으로 노력한 결과인 것이다. 이 다이타(太
田)씨의 스승이 농민운동가로서 평생을 바친 농협운동의 거성
(巨星)인 고바야시(小林篤一)씨다.

어쨌던 그에게는 농촌 유토피아라는 목적이 있었고, 훌륭한
스승과 친구가 있었다. 더구나 구체적으로 시코오농협을 사업적
으로 성공시키는데 있어서 탁월한 경영 재능을 발휘한 야스무라
(安村)같은 후계자도 있었다. 다이타씨는 다음과 같이 말하고
있다.

"가혹한 생활에 울고 있는 농민을 어떻게 하면 행복하게 할
수 있을까? 어떻게 농촌을 유토피아로 만들수 있을까를 밤마다
연구하니까 지혜와 결심이 자연적으로 생겼다'고 한다. 그뿐이
아니고, 그 목적은 탁월한 스승과 친구, 후계자까지 갖게 했다.
지금 세계 제일이라는 그곳의 감자 콤비나트나 제당(製糖) 공
장, 우유공장을 보면 정의감과 강한 목적을 가진 한사람의 위대

한 능력에 감탄하지 않을 수 없다.

4. '노력한다'는 의미의 재확인

'능숙한 담배 흡연법 9개조'

연구의 중요성, 인간성이나 대의명분이 있는 목적의 중요성을 이해한 사람들은 스승과 친구가 확보되면 누구나가 '노력해야 된다'고 생각하게 된다.

그러나 노력하려면 강한 의지가 필요하게 되고, 현재는 노력하지 않아도 별로 생활에 어려움이 없으므로 필요할 때 노력하겠다고 하면서도 대부분 노력하지 않는 것이다. 더구나 인간은 자기를 정당화 하는 경향이 강하므로 태만한 것도 정당화 하려고 한다. 예를 들면, 담배를 피우지 않아야 좋다는 것은 현재 인류의 상식이다.

쓰노다(角田忠信)씨 등의 뇌(腦)연구에 의하면, 일본인처럼 이성(理性)·정감(情感)의 동거형 민족에 있어서 담배가 가장 나쁜 이유는 인터렉크(智) 능력을 저해하는데 있다는 것이다.

사회인이 되면, 인테리젠스(知) 능력보다도 인터렉크 능력을 필요로 한다는 것은 상지대(上智大)의 와다나베(渡部昇一) 교수의 명저 《퀴어리티 라이프의 발상(發想)》 등에서도 지적되고 있는데, 잘 알려진 바와 같이 흡연은 담배를 피는 사람은 물론이고 연기를 마시는 주변사람의 인터렉크 능력 까지도 저해한다.

나와 친분이 있는 건강 박사인 아리까와(有川淸康)씨는 '담배에는 타르·니코틴·시앙·일산화 탄소 등의 발병인자가 함유되

어 있다. 그러므로 가급적 피지 않아야 된다'고 말하고 있다. 그는 담배를 피울 때,

① ¼정도에서 버릴 것. ② 킹 사이즈를 애용할 것. ③ 아침이나 공복에는 절대 피할 것. ④ 음주 중의 흡연은 가장 나쁘다. ⑤ 환기가 나쁜 곳에서는 삼가할 것. ⑥ 천천히 들이마실 것. ⑦ 심각하게 생각하면서 피지 말 것. ⑧ 임신 중에는 절대 금연을 주장하고 있는데, ⑨ 가장 나쁜 것은 해로운 것을 알면서도 피우는 것이라고 주장한다.

죠셉 머피의 주장과 같이 '좋다고 생각하면 좋아지고, 나쁘다고 생각하면 나빠지기' 때문일 것이다. 그러나 나는 애연가의 대부분이 불안감을 가지고 있으면서도 피우는 것으로 생각하지 않을 수 없다.

많은 사람들이 금연하지 못하는 것은, 인간이라는 동물의 약점이고 비극이기도 하지만 또 한편으로는 인간적인 면모도 있는 것이다. 그러나 당당히 '나는 의지가 약해 끊으려 해도 곤란하다. 방법이 없으므로 담배피지 않는 사람들에게 피해가 없도록 노력하는 수 밖에 도리가 없다'고 스스로에게 정직한 것이 가장 현명하다.

자기 행위를 정당화 하기 위해 '흡연은 괜찮다, 그 이유는……' 하고 엉터리 변명을 늘어놓는 사람은 발전 및 성공할 수 있는 범위에 들어갈 수 없는 사람들이다.

인간의 존엄성을 자각할 것

본론으로 돌아가서 '노력하려고 해도 안된다'는 것을 정당화하게 되면 이제까지의 결심이나 근면성이 수포로 돌아간다. 그러므로 가장 좋은 방법은 '노력하여야겠다'고 생각하면 '가능하다'

는 의지를 갖는 것이다.

그러므로 여기에서 '노력한다'는 의미의 재확인이 큰 의미를 갖게 된다. 나는 《포용성의 발상》에서 이미 인간이란 어떤 동물이고 무엇때문에 살아왔는가를 과학적 사실을 통해 설명하였다. 그 핵심은,

① 인간과 다른 동물과의 차이는, 인간에게는 사용하면 할수록 발전되는 무한한 가능성의 두뇌가 있으나 인간 이외의 동물에게는 없다. 따라서 사람으로 태어난 이상 두뇌를 이용하여 능력을 개발해야 된다.

② 그러기 위해서는 부지런히 노력해야 된다. 노력에는 목적과 강한 의지가 필요하다.

③ 인간인 이상, 두뇌를 잘 활용하여 세상과 사람을 위해 부지런히 노력해야 된다. 왜냐하면 인간은 현존하는 모든 지구상의 동물을 집대성한 것이라고 생각되기 때문이다.

이와 같은 사실은 칼 세칸 박사(코넬대학 교수)가 1978년 플릿처상 수상작인 《에덴의 공룡(恐龍)》에서 다음과 같이 기술하고 있는 데서도 이해된다.

"독일의 해부학자 에른스트 헷켈의 개체(個體) 발생은 계통(系統) 발생을 반복한다는 주장은 정당한 것 같다. 즉, 동물의 태아는 발생할 때, 조상이 걸어온 진화 과정을 반복한다는 사실이다. 인간의 태아는 임신한 후 3주가 되면 물고기의 어린 모습과 비슷하다. 그리고 7주 사이에 양서류(兩棲類)와 비슷하게, 3개월째는 파충류(爬蟲類)와, 그리고 7개월째는 침판치와 비슷해지고 10개월만에 인간의 어린애가 되어 탄생된다"고.

이것은 우리들 인간이 모든 동물의 집대성이고, 다른 인간뿐만 아니라 모든 동물과 이 세상을 위하여 그 독특한 기능인 두뇌를 활용하여 공언하여야 된다는 것을 뜻하고 있다. 이것을 집약하면

〈표 6〉 인간의 특성과 올바른 생활방법

특　　　성	주 의 사 항	올바른 생활방법
① 활용하면 할수록 좋아지는 머리를 가지고 있다. ② 인간성에 맞고 대의 명분이 있는 목적이 능력이라는 에너지를 만든다. ③ 의지가 약해서 좋다고 생각하는 것도 실천하기 어렵다. ④ 모든 동물의 장점을 집대성한 것이다.	① 인간성이란, 성선설(性善說)을 따르고, 자유·평등·경쟁 등을 긍정하며, 더욱 향상, 봉사하겠다는 성품이다. ② 대의 명분이란 동료들 대부분이 가지고 있는 일치된 의견이다. ③ 인간성이 성선(性善)이냐 성악(性惡)이냐는 별문제로 하고, 착하게 살려는 것만은 긍정적이다. ④ 노력하는 것 이외에는 올바른 삶을 위한 도전방법이 없다.	① 성실하게 노력하는 의미를 인식하고 ② 올바른 목적과 강한 의지를 가지고 ③ 새로운 지식과 경험을 축적하기 위하여 ④ 두뇌를 활용하고 ⑤ 능력을 기르며 ⑥ 이것을 사랑으로 바꿔(인간의 존엄성 자각) ⑦ 세상과 인간을 위해 계속 공헌하는 노력이 매우 긴요하다.

표 6과 같이 된다.

　결국 부지런히 노력하는 것 이외에는 올바른 삶을 위한 도전 방법은 없는 것을 알 수 있다. 그리고 그러기 위해 중요한 것은 올바른 목적과 강한 의지 두가지다. 그러므로 후나이식 경영 컨설턴트법은 '부지런히 노력하려는' 자세를 가진 사람에게 다시 한번 '하겠다'는 뜻을 재확인하도록 충고하고, 목적달성과 의지

강화를 측면적으로 지원하는 것이다.

성씨(姓氏)나 본성과 관계없이 누구나 위대해질 수 있다

야마쿠지(山口)현 하기(萩)시에 가면 쇼가손쥬쿠(松下村塾)가 있었던 역사적 유적지가 있다. 여시타쇼잉(吉田松蔭)이 많은 지사(志士)를 배출시킨 것으로 유명한 쇼가손쥬쿠는 보잘 것 없는 황폐한 집이다. 여기에서 쇼잉(松蔭)의 교육을 받은 모오리항(毛利藩)의 하급(下級)무사나 농민들의 자제들이 유명한 명치(明治)시대를 만들었다고 해도 과언이 아니다.

모오리항의 상급 무사 자제는 시설이 좋고 영주(領主)가 경영하는 명륜관(明倫館)에서 배웠으나 명치시대의 지도적 인사는 전부가 쇼가손쥬쿠 출신이고 명륜관과는 관계가 없다.

이것으로 보아서도 성씨(姓氏)나 본성(本性)은 개개인의 능력과 관계가 없는 것을 알 수 있다.

여시타쇼잉(吉田松蔭)은 사쿠마쇼잔(佐久間家山)의 수재자 중 하나인데, 의형제의 자식으로 고바야시(小林虎三郎)가 있었다. 이 사람은 나가오카 출신인데, 명치 유신때 한죠오(蔭長)에 반항하다가 최하의 지위로 전락했던 나가오까에서부터, 명치·대정·소화시대에 걸쳐 많은 영걸(英傑)들이 배출됐다. 이것은 고바야시(小林)가 명치 2년에 만든 국한학교(國漢學校) 때문인 것으로 잘 알려지고 있다.

어쨌든, 저슈항(長州藩)의 하급무사나 농민의 자제, 또는 명치 유신때 반기를 들었던 나가오카에서 위인이 배출된 것은 역사가 증명하고 있다. 그리고 이것이 두 호랑이로 알려진 쇼잔(家山)의 두 수제자인 고바야시(小林)와 요시다(吉田寅二郎)에 의해 이루어진 것은 역사적 사실이다.

그러면 쇼잔(家山)은 무엇을 가르쳤고 쇼잉(松蔭)이나 도라사부로(虎三郎)는 또 무엇을 교육했는가? 그들이 가르친 것은 인간성이고, 대의명분 있는 인생의 목적이며 철저히 노력하는 것이었다고 한다. 그것들은 성씨(姓氏)＝혈통이나 본성과는 관계없이 인재를 양성한 것이다.

이 점에서 볼때, 누구나 올바른 인생목적을 갖고 열심히 노력하면 크게 성공할 수 있고 인간은 노력에 의해 두뇌 회전이 빨라지고 능력이 생기며, 사업을 이룩할 수 있다는 증명이 된다.

급속도로 성장하는 기업의 창업자나 간부 사원들은 우수한 두뇌를 가지고 있고 능력도 있다. 그러나 그들의 혈통·성장과정·학력 등은 대체로 보통사람 이상이 아니었다.

그러면 무엇이 그들을 우수한 사람으로 만들었는가? 대답은 '의욕적으로 노력을 계속했기' 때문이다. 기본적으로 이것은 큰 목적을 뒷받침할 수 있는 사명감과 강한 의지력인데, 여하간 인간이란 우수한 존재인 것이다. 인간으로 태어난 것을 감사하지 않으면 안된다.

의지만 강하면 불가능이 없다

나의 주위에는 탁월하게 의지가 강한 사람들이 많다. 이들에게 공통적인 것은 철저한 책임감과 사명감을 가지고 산다는 것인데, 한번쯤은 죽을 고비를 넘긴 사람들이 많다. 때로는 긴박한 상태에 몰려 비참한 경험을 당하고 나서 다시 재기하는 경우도 있다. 그들은 더구나 자신가(自信家)들이다. 불가능을 성공시킨 경험을 지니고 있으므로 낙천주의자이기도 하고 플러스 발상형(發想型) 인간이기도 하다. 이같은 경향인 사람들은 창업자로 성공을 이룩한 사람에게 특히 많다.

한가지 예를들면, 친구의 한사람인 고도부기야(壽屋)의 쥬사키(壽崎肇)사장은 맨손으로 뛰어들어 1950년에 큐슈(九州) 제일의 소매업자로 성공한 분인데, 그의 점포 확장 전략은 상식적으로는 이해가 되지 않을 때가 많다.

예를들면 후쿠오카(福岡) 시내에 있던 구(舊) 하카다다이마루(博多大丸)는 매우 사업에 노력했으나 입지적 조건이 나빠서 적자 경영을 면치 못하고 있었는데, 여기에 대한 그의 의욕이다. 상식적으로도 현재는 입지조건이 더욱 악화되고 있다. 그럼에도 불구하고 고도부기야(壽屋)는 여기에 대한 투자를 결정했는데, 그 이유는 쥬사키(壽崎)사장의 신념과 자신에 있었다.

'일차 점포에 오신 손님을 모두 다시 올수 있도록 고정객화(固定客化)할 수 있다면 다소 입지 조건이 나쁘더라도 손님 수는 날로 증가될 것이므로 수지계산이 맞게 된다. 경험으로 보아서 1~2년 안에 손익분기점에 이르고, 그 후는 이익이 발생된다'는 계산이 생겼던 모양인데, 이같은 자신은 의지가 강하고 목적을 반드시 달성해 온 경험때문인 것으로 보인다.

예컨데, 그는 매우 담배를 즐겼다고 한다. 10년전 어느날, 그는 담배를 끊으려고 결심하고 회사 간부들을 집합시켜 다음과 같이 말했다고 한다. "오늘부터 담배를 끊는다. 만일 한대라도 피면 내가 소유하고 있는 회사 주식을 전부 그대들에게 줄것이고 사장 자리를 물러나게 해달라"고.

그리고 그때부터 한대도 안피웠다고 한다. 이것은 그 회사 간부로부터 들은 것인데, 그가 이정도는 간단히 끝낼 수 있는 사람인 것 같다.

일반적인 상식으로 볼 때, 흑자 경영이 어려울 것 같은 하카다다이마루(博多大丸)점포도 쥬사키(壽崎)식의 상식으로 운영될 것이므로 얼마후에는 흑자로 돌아설 것으로 나는 예측하고 있다.

경험, 더구나 플러스적인 경험은 탁월한 효과를 발휘한다. 이것은 '철저히 노력하면 된다'는 사실의 실증(實證)적 효과이기도 하다. 또 의지가 강하면 안되는 것이 없다는 것도 '강한 의지'='계속 노력할 가능성이 있다'는 것이 되고, 노력하면 일반적으로 목적 달성이 불가능하지 않게 되는 것이다.

더구나 노력이란 것이 인간으로서 태어난 이상, 탄생된 목적을 달성하는 유일한 수단이라고 한다면 이만큼 즐겁고 고마운 일은 없는 것이다. 이렇게 생각하면 '노력한다'는 의미가 재확인되므로 그 사람은 성공에의 길을 확실히 걷고 있다고 볼 수 있다.

5. 성과를 올리자

탁월한 경험력

목적을 세웠다. 스승과 친구도 있고 방법도 알았고 자신있게 되었다. 경쟁할 수 있는 조건도 정비되었다. 그 위에 노력의 의미도 확실하게 재확인 되었다.

'이제 노력하자'고 누구나 시작한다.

그러나 인간은 역시 인간이다. 모든 사람이 앞에서 인용한 쥬사키(奏崎) 사장처럼 의지가 강하고 노력을 계속할 수 있는 것은 아니다. 보통 사람이 계속 노력하려면 역시 성과가 순조롭게 올라가지 않으면 안되는 것 같다. 여기에서 후나이식 경영 컨설턴트법이란, 경영 컨설턴트로서 의뢰인이 성과를 올릴 수 있도록 협조하는 것이 된다. 20년 이상 경영 컨설턴트로서 경영

의 실무 지도를 담당하고 있으면 때와 경우에 따라 여러가지
성과를 올릴 수 있는 방법을 경험상 알게 된다.

예를 들면,

① 소(小)가 대(大)와의 경쟁에서 승리하는 방법[이것은 먼저
경쟁자의 헛점을 물고 늘어져서 상대가 항복할 때까지 떨어지지
않아야 된다].

② 점거율을 착실하게 올리는 방법[흔히, 약자 학대법이라고
부르고 있는데, 자기보다 부족한 동업자를 계속 성장 못하게
하면 얼마 후에 최고가 된다].

③ 이제부터는 유통주도권(流通主導權)＝가격 결정권이 없는
기업은 이익을 올리지 못하게 되는데, 이 결정을 장악하는 방법
[한마디로 말하면, 실질적으로 보증된 권위의 유지밖에 없다].

④ 급속도로 발전하는 방법[우수한 초일류(超一流) 체제의
확립 이외에는 현재 다른 방법이 없다].

⑤ 일정한 기간 안에 업적을 향상시키는 방법[이 능력이 없으
면 경영 컨설턴트는 불필요하게 되는데, 예컨대, 소매업에 있어
서의 압축부가법(壓縮附加法)이나 편지에 의한 고정객 증가법,
또 제일선(第一線)을 우대하는 조직운영법 등 수없이 많다]
등이다.

경험이란 매우 훌륭한 것이라고 생각한다. 그야말로 갈고 닦은
직관력(제6감)과 같은 것이라고 할 수 있다.

육감으로 정확하게 판단하는 사람＝직업 전문가 만들기

나는 생산업체거나 도매업 · 소매업소라도 현장을 직접 방문하
고 공장 안이나 점포를 순회하면 대부분 문제점을 파악할 수
있고 우선 업적을 향상시키는 방법을 알게 되었다. 이것은 20

년 간에 걸쳐 평균적으로 1천개 이상의 현장에 대해 목적의식을 가지고 관찰한 뒤 충고하고 그 결과를 경험을 통해 알게 된 까닭이겠지만, 여기에서 문제되는 것은 육감으로 안다는 것을 규격화하기 어렵고, 이론화 할 수 없다는 점이다.

20여권의 저서를 발간했으나, 육감으로 알 수 있는 것은 5%도 표현하지 못했다. 육감이란 것은 숫자나 언어로 표현하기가 어려운 것이지만, 그렇기 때문에 그만큼 나의 사업도 성장되는지 모른다. 나는 육감의 과학적인 규격화가 인간으로서 도전하여야 될 하나의 사명이라고 생각하고 있으므로 여러가지 방법을 모색하고 있다. 얼마 전에도 장기(將棋)로 유명한 마스타(升田幸森)씨와 여러가지 대화가 있었다.

"프로와 아마는 다릅니다. 나는 장기의 프로지만, 프로에는 ① 기본 ② 선견성(先見性) ③ 책임감 ④ 사명감이 있지요. 그리고 이에 따라 맹렬한 노력이 수반됩니다. 그러나 이것을 이론적으로 정립해도 누구나가 간단히 프로가 될 수는 없지요"라고 말했는데, 나도 동감이었다.

마스타(升田)씨는 프로란, ① 변화가 생겼을 때 기본과 선견성이 있으므로 충분히 대응한다. 그러나 아마는 여기에서 좌절된다. ② 연속적인 기술이 무의식적으로 나타난다. 노력과 훈련의 결정(結晶)이다. ③ 또 패배했을 때는 책임을 진다. 사명감과 책임감 때문이다. ④ 계속 올바른 자세를 지켜야 되고, ⑤ 호흡상태가 안정되어 있어야 된다. 마음이 심난하거나 화가 나면 자세가 흐트러지고, 입이 마른다. 이렇게 되면, 객관적으로 인정받지 못한다. 등의 이야기를 하였는데, 확실히 프로이거나 프로적인 기질이 가장 중요한 것 같다.

성과를 올리기 위하여는 그 방면의 프로인 우리들 경영 컨설턴트가 경영자를 돕게 되는데, 이것은 지금과 같은 관점에서 볼

〈표 7〉 인간의 4가지 수준(레벨)

〈레벨〉	〈레벨을 올리는 현상과 그 방법〉
성공자 레벨	행운이 붙는다.
	(애정이 생기고, 타인을 도우며 남으로부터도 도움을 받는다)
프로 레벨	책임감, 사명감이 생기고 육감으로 올바른 것을 알게 된다.
	(호감이 생기고 능숙해진다)
병행 레벨	기본적인 것을 알게 되고, 의무감이 생긴다.
	(메뉴얼을 뒤적인다)
제로 레벨	

때 경영의 프로를 만들기 위한 협조자가 되는 것이라고 할 수 있다.

행운은 스스로가 만든다

인간에게는 표 7과 같은 4가지 레벨이 있는 것 같다. 누구나가 처음에는 '제로 레벨'에서 부터 시작한다. 거기에서 기본 조건을 익히고 의무감을 갖게 되면, '평균 레벨'이 된다. 경영 환경이나 문화 환경도 마찬가지지만, 환경이 좋을 때는 '평균 레벨'인 사람들도 충분히 생활을 즐길 수 있고 발전할 수가 있다. 그러나 일단 환경조건이 긴박해지면 프로 레벨 이상인 사람이 아니면 본인도 즐겁지 않고, 주변에도 도움이 되지 못한다.

예를 들면, 현재의 경제와 경영 환경은 매우 악화되어 있다. 이와 같이 성장도가 낮아진 시대가 되면, '평균 레벨'인 사람은 스스로 성장할 수 없을 뿐만 아니라 주변 사람들에게도 부담스런 존재가 된다.

그러므로 프로 레벨을 목표로 노력하지 않으면 삶의 보람마저 없어지게 된다. 그러면 프로 레벨에 도달하기 위해서는 어떻게 해야 되는가?

사명감과 책임감을 갖는 일이다. 그러기 위해서는 무엇보다도 우수한 특기를 가져야 하고 탁월하고 싶은 소망이 필요하게 된다. 이 소망이 소위 잠재능력이라고 하는 '호기심'이란 느낌과 '능숙함'이란 성과를 갖게 해준다. 이와 같이 협조하는 일이 경영 분야에서는 경영 컨설턴트의 임무인데, 경영자의 잠재능력을 개발하고, 여러가지 방법으로 성과를 올리도록 노력을 집중시켜 프로 레벨에까지 도달하게 하는 것이다.

프로 레벨 위에는 '성공자 레벨'이 있는데, 성공자 레벨에 도달하기 위하여는 프로 레벨인 사람들에게 행운이 찾아오면 매우 효과적이다. '행운은 성격에 있고, 성격은 훈련에 의해 50 % 정도까지 결정된다'는 말이 있는데, 이것은 올바른 판단이다.[표8 참조]

운명이라고 하는 것은 자기 스스로가 개발하는 것이고, 행운의 유무는 어디까지나 자기의 책임이며 그 기본은 사고방식에 있다고 할 수 있다. 왜냐하면 행운이 있는 사람이란 열심히 세상을 위하고, 다른 사람들을 위해 노력하는 사람이며, 그 사람들은 노력하기 때문에 세상이나 타인들로 부터 혜택을 받게 되기 때문이다. 이 관계성을 다음 도표에서 쉽게 이해할 수 있다. 어쨌던 성과를 올려야만 프로 레벨에 도달하게 된다. 이것이 후나이식 경영 컨설턴트법이고 그러기 위하여는 무엇보다도 경험이 크게 도움을 주는 것이다.

〈표 8〉행운과 성격

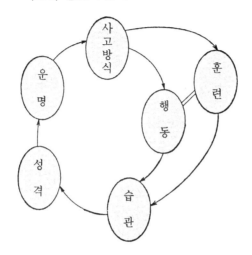

※행운은 사고방식이 변하면
　나타난다.
※성격도 사고방식에 의해
　결정되며, 성격이 변하면
　운명도 변한다.
※사고방식이 훈련을 만들고,
　훈련이 습관을, 습관이
　성격을 만든다.

6. 큰 희망과 올바른 꿈을 갖자

올바르고 가능한 꿈은 실현된다

인간이란 즐거운 동물이다. 성과가 오르고 소기의 목적이 달성될 단계가 되면, 이번에는 미래에 대한 현실적인 꿈을 갖기 시작한다.

현실적인 몽상(夢想)이라고 하면 오해할지 모르나, 여기에서 뜻하는 것은 앞에서 말한 실현 가능한 꿈이란 뜻이다. 말하자면 현실주의자가 갖게 되는 꿈이라고 할 수 있다. 현실주의자가 눈을 떴을때 나타나는 꿈이라고 할 수 있다.

보통 꿈에서 나타난 일은, 불가사의하게도 실현되는 것으로 알려져 있다. 그것은 꿈이 잠재의식에 작용하고, 잠재능력을 상승시켜 한 인간을 프로 레벨 전문가로 만들며, 또 그 꿈이 인간성과 조화된 올바른 것일때, 사고방식이나 사상에 영향을 주고 행동에서 관습 그리고 성격, 나아가서 운명에 까지 행운의 결과를 주게 되며, 성공 레벨에까지 꿈을 실현시키기 때문이라고 생각된다.

조셉 머피나 폴 마이어가 말한 것과 같이, '좋은 일을 생각하면 좋아지고, 나쁜 일을 생각하면 나빠진다'는 것이다. 20세기 최대의 심리학자로 알려지고 있는 C. G. 융도 이것을 증명하고 있다. 그러므로 좋은 꿈은 좋은 일을 생각하게 하는 목표와 기회를 만들기 때문에 꿈은 바람직한 것이다.

그러나 보통의 상식적 인간에게 있어서는 좀처럼 자기의 장래에 대하여 화려한 꿈을 갖는 것이 불가능하다. 그 이유는 꿈을 꾸려고 하거나 꾸어도 현실에서 별다르지 않고, 현실적인 재미에 바쁘다 보면 미래에 대한 꿈도 흥미도 별로 나타나지 않는 것이다.

그러나 인간이란 프로 레벨에 도달하면 큰 목표가 만들어지고 그 실현된 모습이 꿈으로 나타난다. 더구나 그 꿈에는 계획성과 올바른 대의명분, 내실성같은 것이 따라 온다. 이렇게 되면 그 꿈은 대부분 실현된다고 보아도 된다.

'다이에'의 5년후 4조엔 매상 목표는 상상할 수 있었다

후나이식 경영 컨설턴트법의 성공은 실현 가능한 큰 꿈, 올바른 꿈을 갖도록 도와주는 것이다.

1980년 1월, '다이에'가 연간 매상고 1조엔(円)을 달성했다. "내가 다이에의 나카우지(中內) 사장이라면 5년 후의 목표는 연간 4조엔이라고 하겠다"고 친한 유통업계 사람과 말한 적이 있는데, 예측한 대로 '1985년의 연긴 매출액 복표 4조엔'을 나카

〈표 9〉 성장률과 5년, 10년후의 배수(倍數)

성 장 율	5년 후	10년 후
105%	1.3배	1.6배
110%	1.6배	2.6배
120%	2.5배	6.2배
130%	3.7배	13.8배
140%	5.4배	28.9배
150%	7.6배	57.7배
200%	32.0배	1,024.0배

우지 사장은 이룩했다.

제1장의 표 4와 위의 표 9를 참조하기 바란다. 예를들면, 앞으로의 명목상 경제 성장률이 연간 110% 정도는 될것으로 가정할 수 있을 것이다. 더구나 유통업계가 경쟁은 심해질지라도 낙관은 어려울 것으로 예상된다. 여기에서는 당연히 일류 유통업에만 몰리는 집중화 현상이 생기는데 '다이에'와 같은 최고 매상 기업은 더욱 발전할 수 있는 상태가 될 것으로 보인다. 이렇게 생각할 때, 다이에의 명목 성장률이 3배 신장(伸張), 매년 130%의 신장률을 달성한다는 것은 실현성 있는 꿈이 될 것이다. 매년 130%씩 신장하면 5년 후에는 3.7배가 되고, 1980년 2월에 1조엔 이상이었던 다이에에게 있어서 5년 후는 연간 매상고가 4조엔은 충분히 가능한 꿈이고 목표라고 나는 대략 계산할 수 있었다.

나카우지(中內) 사장의 계산 방식은 알 수 없으나 계획성과 내실성(內實性)은 이 표 9만으로 충분히 알 수 있고, 박리다매(薄利多賣)를 추구하겠다는 나카우지 사장에게 있어서는 대의명분이 설 것으로 보인다.

다만 꿈이나 목표는 어디까지나 꿈이나 목표이고, 거기에는 정직＝사회적 정의라는 뒷받침이 없으면 실현되기 어렵다. 사회적 정의가 결국에 있어서는 기술력, 관리능력을 만들고 실현 기대되는 사회적 환경을 만들기 때문이다.

꿈이 꿈으로 끝나고 목표가 목표로 끝나지 않기 위해 '정직'이 필요한 것은 이런 이유 때문이다. 어쨌던 '다이에'의 '5년 후 4조엔 목표'는 유통업계에서 상상할 수 있었고 꿈과 목표란 이와 같은 것이다.

〈표 10〉 성공인 체계＝의욕적인 사람이면 누구나 성공하는 체계
〈후나이식 경영 컨설턴트 방법의 체계〉

1. 인간적인 기본조건 3개조를 이해하고 실천하도록 한다.
    ① 노력형
    ② 솔직성
    ③ 플러스 발상
2. 올바른 목적을 갖도록 한다.
    ① 세상을 위해, 인간을 위해
    ② 능력을 배양하자.
    ③ 크게 되자
3. 스승과 친구를 만들도록 한다(의욕과 구체적 목표가 매우 중요)
4. 노력의 의미를 분명히 확인토록(인간성의 충만은 노력으로 부터)
5. 성과를 올려 프로레벨에 도달하도록(계속 노력할 수 있는 핵심은 성과를 올리는 것이다.)
6. 대국적이고 올바른 꿈을 갖도록 하고 성공자 레벨에 도달하도록 한다.(여기에서 말하는 꿈이란 실현 가능한 것)

꿈은 클수록 효과가 있다

결론적으로 후나이식 경영 컨설턴트법은 최종적으로 '프로 레벨'에 있는 사람들을 '성공 레벨'로 끌어올리는 것이다. 그러기 위하여는 사회적 정의와 대의명분에 알맞는 실현 가능한, 그리고 가급석 큰 꿈을 갖도록 충고하고 도와주는 것이다. 실현 가능성 이 있는 이상, 꿈은 클수록 좋다.

큰 꿈을 실현하기 위하여는 계획성이 필요하고 자기 혼자만의 노력으로서는 절대 불가능한 것도 쉽게 알 수 있다. 타인의 협조 없이 실현 불가능하게 되면 타인을 고맙게 생각하게 되고 동정심 도 생긴다. 인간·자본·물질의 중요도 순위 그리고 이들의 조화

도 생각하게 되고 조직적 행동력의 필요성, 중요성도 이해하게 된다.

이와 같은 경로를 통해 의뢰자에게 행운이 생기고 성공자 레벨에 도달할 때까지 도와주면서 본서에서 기술하고 있는 바와 같은 프로세스에 따라 상승시키는 것이 후나이식 경영 컨설턴트 법인데, 이 체계를 완성한 수년 동안은 다행히도 실패는 없었다. 나는 더욱 연구를 거듭하여 보다 효과적인 체계를 수립하려고 노력하고 있다.

이 후나이식 경영 컨설턴트법을 나의 회사=일본 마케팅센터에서는 의뢰자를 '성공인 체계에 합류시킨다'고 표현하고 있다. 하겠다는 의욕만 있으면 누구나 성공하는 체계이기 때문이다.

이것을 종합하면 다음 표 10과 같이 될 것이다. 이같은 사실을 여기에서 발표할 수 있는 것은 염치없는 것이지만 고마운 일이기도 하다. 이와 같은 실천에 의해서는 누구나 결코 마이너스 효과가 없을 것이므로 독자들도 반드시 시도하기 바란다.

제 3 장

성공 유지를 위한
중요 포인트

제1장에서는 발전하고 성공하는 사람에게 공통된 인간적 기본 조건을 서술했다. 그리고 제2장에서는 실례를 들면서 구체적으로 성공에의 프로세스를 설명했다.

여기까지 읽은 독자들은 누구나 하겠다는 의욕에 넘치고 노력하면 성공한다는 것, 또 '성공자 레벨'에 도달한다는 것도 알 수 있었을 것이다.

이것이 쉬운 것은 아니지만, 그렇다고 어려운 것도 아니다. 그래서 여기에서는 성공을 유지하는 것, 성공을 지속하는 것=발전·신장(伸張)의 중요 포인트를 기술하기로 한다.

성공한다는 것, 성공자 레벨에 도달한다는 것은 그다지 어렵지 않으나, 성공을 유지하고 신장시키는 것은 매우 어렵다. 왜냐하면 이 세상의 사상(事象)에는 진보이거나 퇴보밖에 없기 때문이다. 그러므로 현상유지만으로 좋다는 생각은 그것이 보통 퇴보로 연결하게 된다. 그리고 현실적으로 현상을 유지하고 계속한다는 것은 즉, 성장 계속하는 것이 되지 않을 수 없기 때문이다. 만날 때마다 크게 된 사람도 있다. 또 허약해졌구나 하고 느껴지는 사람도 있다.

어려운 일이지만, 인간이라면 매일 매일 발전하는 것이 바람직하다. 체력이 떨어지는 것은 피할 도리가 없다. 육체의 노화(老化)도 피할 수 없다. 그럼에도 불구하고 인간으로서 인격적으로 발전을 계속하는 것이 바람직하다. 여기에서는 이를 위한 중요 포인트를 생각하기로 한다.

1. 생성 발전의 사상을 가질 것

계속 신장(伸張)하는 기업군에는 낭비가 없다

성장을 계속하는 기업에는 한가지 패턴이 있다. 이것은 현재 일본적 경영이 가장 모범적인 것으로 주목받고 있는데, 일본이나 유럽이란 지역을 떠나 하나의 패턴이 되고 있다.

그것은 ① 종신고용(終身雇用)이거나, 그와 비슷한 고용 시스템이고, ② 종업원에 대해서는 온정주의(溫情主義)를 지키고 있는 기업이다. ③ 한편으로 마케팅의 특성은 흡수 합병에 의하지 않고 종합화(綜合化)·다각화(多角化)로 진행되며, ④ 철저한 경합(競合)대책을 강구하고 있는 체질이 유지되고 있다는 것이다. ⑤ 인사(人事)와 인재(人材) 문제에 있어서도 엘리트 비율을 조직 운영상 생각하거나, 리더쉽을 가질 수 있는 사원의 비율을 높이는 것이고, ⑥ 내부로 부터의 인재를 배출하는 기업이다. ⑦ 최고 경영자가 유능하고 인격자여야 된다.

지금까지 설명한 7가지 조건은 기업이 창업기(創業期)를 지나 조직체로서 안정된 후, 성장을 계속할 수 있는 7개조인데, 일본의 도요타 자동차 공업이나 마쓰시타(松下)전기, 미국의 IBM, 다우케미칼, 제록스, 영국의 ICI 등 세계적인 유력기업에 공통으로 보이는 패턴이다.

이들은 조직체로서 일체성(一體性)이 있고, 무리없는 선견성(先見性)에 의해 현실 적응적인 체질을 지닌 기업군이라고도 할 수 있다. 그러기 위한 핵심은 인재의 배출이고 흑자경영이어야 되며, 확대 가능한 체질이어야 되는 것이다. 이렇게 볼때, 성장하는 기업군은 균형을 유지하고 있고 지나치게 무리하지 않는 체질이어야 된다. 그 이유는 생성(生成) 발전의 사상에 따라 방향이 결정되고, 각종 방법이 실시되고 있기 때문이다.

어제보다는 오늘의 방법이 반드시 좋다고 생각하자

'이 세상은 항상 생성발전하는 것이다'라고 나는 생각하고 있다. 현상 유지나 현상 동결은 불가능에 가깝다. 왜냐하면 끊임없이 변화하고 있기 때문이다.

그 변화의 방법을 생각할 때, 제2장에서 기술한 바와 같이 지구상의 모든 동물의 집대성(集大成)으로서 나타난 우리 인간은 진화의 선물이고, 그 태어난 목적이 우수한 두뇌로 노력하여 세상과 인간을 위해 공헌하는 것이라고 한다면 이 세계는 날로 발전할 것이고, 이렇게 생각하는 것이 올바른 것임을 알 수 있다.

어제보다는 오늘이 발전되어 있고, 오늘보다는 내일이 더욱 발전될 것이라는 사상, 말하자면 이 세상은 생성하면서 발전하고 있다는 사상이 옳다고 생각한다. '옛날이 좋았다'거나 '세상이 험악해졌다'거나 또는 '현상 동결이 옳다' 등과 같은 발상은 시대적인 변화에 적응하지 못하는 약자의 불평과도 같이 보이는 것이다. 어쨌던 이러한 발상을 부정할 수는 없는 것이다.

'이 세상에 존재하는 것은 모두가 균형있게 생성발전하기 위해 필요한 것이다'라는 '올 긍정', '전부를 포용하는 사상'이 나의 기본적 사상이다.

여기에서 나는 이같은 생성발전의 방향으로 시대적 흐름과 함께 진행하는 것은 '플러스 방향'에의 진행이고, 또 이와 반대로

98

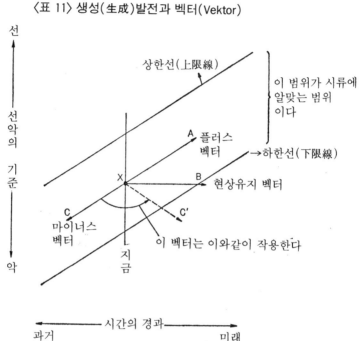

〈표 11〉 생성(生成)발전과 벡터(Vektor)

진행하는 것은 '마이너스 방향'에 진행한다고 부르고 있다. 그리고 플러스 방향의 힘을 '플러스 벡터(Vektor)' 그리고 마이너스 방향의 힘을 '마이너스 벡터', 현상유지 방향의 힘을 '현상유지 벡터'라고 하면, 현상동결이나 현상유지 또는 과거가 좋은 때였다 같은 사고방식은 비정상인 것을 알 수 있다.[표 11 참조]

 이 세상은 생성발전하는 것인데, 이에 따라 옛날에 좋았던 일도 시류(時流)에서 탈락되는 것이 있고, 시간이 지나면 이제까지는 절망적인 것도 희망적인 것으로 변화된다. 이와 같은 생성발전이라는 사고방식에서 시류에 따라 적절한 제약(制約)도 있기 마련이라고 생각하는 것이 좋다. 이 제한의 상한(上限)과

하한(下限)을 표 11에서는 상한 라인과 하한 라인으로 표시했다.

이 도표에서 지금의 중간점, 즉 현재 시류와 가장 잘 맞는 곳을 X점이라고 하자. 이 X점에서 가장 시류에 맞도록 장래와 연결된 선 XA가 '플러스 벡터'이고, 반듯하게 옆으로 뻗은 선 XB는 '현상 유지 벡터'가 된다. 그리고 XA와 반대로 후퇴한 선 XC는 '마이너스 벡터'가 된다. 그러나, 과거가 벡터 위에는 없으므로 XC와 같은 마이너스 벡터적인 힘은 결과적으로 장래를 향하여 XC로서 작용되는 것을 알 수 있다.

이 표 11에서 볼때 XB나 XC도 잠간 사이에 하한(下限) 라인을 뚫고 시류에 적응하지 못한다는 것을 알 수 있다.

슈퍼마켓 이론도 이미 과거 이론이다

한가지 예를 들어 설명하기로 한다. 소매업 경영에 관한 한, 나는 일본에서 가장 유능한 컨설턴트의 한사람으로 생각한다. 여기에서는 소매점 경영 이론의 하나인 슈피마켓 이론을 예로 설명하려고 한다.

니시부(西武) 유통그룹의 총수(總帥), 쓰쓰미(堤淸二) 니시부 백화점 회장은 아마도 일본에서 가장 우수한 소매업 경영자의 한 사람일 것이다. 그의 우수한 두뇌, 예민한 전략적인 안목은 대화를 통해 즐거움을 갖게 한다. 다만, 쓰쓰미(堤)씨의 경우는 지나치게 우수하기 때문에 표 11의 상한(上限)라인 위로 올라가는 전략이 가끔 나타나는 단점이 있다.

고바야시(小林一三)씨는 '10년 앞을 읽고, 1년 앞을 걷는다. 10년 앞을 걷는다고 하면 미친사람 취급을 받을 것이고, 5년 앞을 걸어도 돈을 벌 수 없다'고 말하고 있는데, 쓰쓰미씨의 경우를 어느 정도 참고할 필요가 있을 것이다. 그 이유는 앞으로의 사회가 격변의 시대로 변할 것이기 때문에, 원숙한 경영자가 되려면 머리가 우수하고 선견지명이 있는 쓰쓰미씨 같은 사람이 필요하게 될 것이다.

이 쓰쓰미씨가 통솔하고 있는 니시부 유통그룹은 시대를 앞서 가는 점포 확장으로 유통업계에 공헌하고 있는데, 얼마 전부터 주목되는 실험을 시작했다.

그것은 요코하마(橫浜)시의 니호가와(二保川)점포와 나라껭(奈良縣)의 야마토고오리야마(大和郡山) 점포에서 실험한 두개의 니시모도 스토아 식품매장이다. 일반적으로 식품 슈퍼마켓은 셀프 서비스 100％의 매장이고, 출입구에 레지스터(금전등록기)가 한군데 배치되어 있는데, 이 두 점포에서는 레지스터가 점포 안에 분산 배치되었다. 그뿐만 아니라 점포 내 여러 곳에 고객과 대화하는 접객 코너가 있었으므로 매상 실적이 예상 외로 높았다. 그래서 니시부 백화점의 하찌미(入尾) 분점과 니시도모 스토아의 고데유비(小手指)분점 식품매장에도 이 방식이 도입되어 큰 효과를 올리고 있다. 이 니시부 유통 그룹의 실험 결과는 실로 획기적이었다는 것을 나타내고 있다.

잘 알려진 바와 같이, 많은 소매업 이론 중에서도 논리적으로 체계있고 특히 성과를 올린 것은 '슈퍼마켓 이론' 하나뿐이다. 이 슈퍼마켓 이론은 미국에서 체계화 된 소매이론이지만, 4가지 원리가 조직적으로 잘 조화되어 누구나가 납득할 수 있는 논리성을 가지고 있다. 그러나 이것이 현재는 일본에서 통용되지 않게 되었다. 이것을'니시부 유통그룹의 실험으로 분명해진 것이다.

슈퍼마켓 이론은 일본의 경우, 1960년대 초에 도입되었다. 그리고 다이에·이토오요카토오· 니시도모 스토아 등 소위 대량 판매점의 오늘을 이룩한 기초이론이라고 할 수 있다.

이 슈퍼마켓 이론의 4가지 골자는,

① 우선 셀프 서비스 이론이다. 식품은 실용품이기 때문에 소비자인 소매점의 고객들은 상품 지식이 풍부하다. 따라서 셀프 서비스가 고객을 즐겁게 하고 판매점도 인건비가 절약되어 상품을 싸게 제공할 수 있다는 것이 그 이론적인 근거였다.

② 두번째 이론은 원웨이(one way) 컨트롤 이론이다. 보통 소매점에서는 점포내 통로의 통행량에 비례하여 그 통로의 양쪽 매장 상품이 팔려 나간다. 따라서 각 통로를 빈틈없이 고객이 다닐 수 있도록 하는 것이 효과적이다. 그래서 입구와 출구를 만들고 점포 안을 일방통행으로 하여 모든 통로를 고객이 통과할 수 있도록 하고 출구에 금전출납기를 집중시켜 놓으면 가장 효과적이라는 것이 그 이론적 근거인 것이다.

③ 세번째 이론은 혼합식 판매가(販賣價) 정책의 이론이다. 소매점은 우선 고객이 많이 찾아오도록 유도하지 않으면 안된다. 그러므로 구매 빈도가 높고, 고객이 잘 알고 있는 생활 필수품은 이윤(마진)을 낮게 책정하고 이 박리다매 상품으로 손님을 끌면서 다른 상품도 판매한다는 이론이다. 이때, 고객이 잘 모르는 상품에는 이익 마진을 높여 이중구조로 판매정책을 세운다. 그러므로 박리다매 상품은 이익이 적으나 대신 대량 판매가 가능하고 기타 상품으로 이익이 추구되어 적정한 이익율을 확보할 수 있다는 것이 이론적 근거이다.

④ 마지막 네번째는 집중판매 이론이다. 생활 필수품은 무엇이 팔릴 것인가가 거의 결정되어 있고, 점포 측에서도 장기간의 경험을 통해 잘 팔리는 상품을 알고 있다. 이 잘 팔리는 상품에 다른 상품을 겹치기 시키면 표준 판매점과의 체인화(化)도 가능하고 박리다매주의도 충분히 추구되므로 고객에게도 이익이 된다는 것이 그 이론적 근거이다.

　이 네가지가 훌륭하게 조화되고 체계화 된 슈퍼마켓 이론은 체인스토아 이론으로 발전되어 구미를 비롯한 일본의 소매업계를 근대화 하는 데 있어서 크게 공헌한 것은 주지의 사실이다.

　그러나 1970년대가 되어 소매업의 경쟁이 격화함에 따라, 먼저 의류품 소매업계는 이 이론이 불필요하게 되었다. 일방통행적인 구조의 점포에는 고객이 몰려들지 않았다. 그래서 한군데에만 있었던 금전출납기도 분산되었다.

　그리고 눈요기 상품으로 고객을 유인하려는 것도, 박리다매주의도 선택의 즐거움을 주지 못한다는 점에서 한계에 이르러 다양한 상품을 광범위하게 진열하게 되었다. 여기에 따라 셀프서비스도 매력을 잃게 되고, 의류품 상점에서는 접객 판매가 상식이 되었다.

　이같은 의류품 슈퍼마켓에서 일어난 변화가 식품 슈퍼마켓에 있어서도 니시도모 스토아나 니시부백화점에 의해 시도되어 높은 효과를 올리게 된 것이다.

　의류 슈퍼마켓에 있어서도 슈퍼마켓 이론이 통용되지 못하게 된 것은 소비자의 소득과 교양의 향상, 또는 소매업계의 공급과잉때문이기도 하지만, 많은 식품 슈퍼 전문가나 경영자는 이 의류품 슈퍼의 변화에도 민감한 사람이 거의 없었다. 또 한편으로 시대적 흐름에 민감한 사람들도 식품 슈퍼에서는 슈퍼마켓 이론이 절대적인 것이라고 주장하는 것을 고집하였다. 그러나 식품 슈퍼업계에도 공급 과잉시대가 찾아왔고, 소비자 레벨이 향상됨에 따라 슈퍼마켓 이론은 붕괴되고 있다.

현상 동결은 혁명을 부른다

　쉽게 말하면, 슈퍼마켓 이론은 하나의 현상 유지 벡터의 이론

〈표 12〉 올바른 경영 방향과 경영 방법

플러스 벡터의 방향과 방법
첵크리스트
1. 인재(人材)가 모이고 배출된다.
2. 규모가 커진다(고객이나 친구가 증가한다).
3. 총합화(總合化), 다각화(多角化), 분권화(分權化)가 발전된다.
4. 적정한 이익이 계속된다.
5. 공기성(公器性)이 높아진다(존재 메릿드(merit)와 부존재 데메릿
   드(demerit)가 증가한다).
※ 성장 발전하는 기업군은 위의 조건을 모두 갖추고 있으며 효율적으
   로도 유익하다. 이 세상이 생성 발전하고 있다는 사실의 증명이기도
   하다.

이다. 그러므로, 시류(時流)가 생성발전하고 변화하기 때문에
어느 시기에 고급과잉이 되면 통용되지 못하게 된다고 생각하면
된다. 한가지 예로, 플러스 벡터에 따르는 방향, 또는 이론이나
수법이 아니면 효과상으로 무효가 매우 많다는 것을 이해하기
바란다.

유행에 맞지않아 못쓰게 된 것은 폐기처분해야 하기 때문에
심한 낭비가 되고, 다시 새로운 유행에 알맞는 것을 만들어야
하기 때문에 많은 에너지를 필요로 한다. 그점에서 플러스 벡터
에 따른 것은 불필요가 없고 특별하게 에너지를 소비할 필요가
없으며 크게 보면 매우 효과적이다. 그러므로 제3장의 서론에서
말한 성장하고 있는 기업군은 그 점에서 매우 효율적이라고 할
수 있다.

이것을 생성 발전이란 점에서 다시 설명하여 보자. 플러스
벡터에 따른다는 것은 생성발전하는 방향으로 진행된다는 것인

데, 이것을 기업경영으로 바꿔 놓으면 표 12와 같은 결과가 생긴다고 말할 수 있을 것이다.

성장을 계속하는 기업군의 특성과 표 12에 나타난 생성발전의 사상에 따른 올바른 방향, 올바른 수법의 첵크리스트 해답과는 완전히 일치한다. 그리고 이같은 플러스 벡터적인 기업은 가장 사회적으로 공헌이 높고, 더구나 경영 효과면에서도 보람이 있다면, 이 사회는 생성 발전하고 있다고 생각하는 것이 정상이다.

생성 발전을 무리하게 정지시키면 얼마후 혁명에 의해 그 허점을 시정하지 않으면 안된다. 혁명은 인간에게 있어서 불행한 것이다. 뭣보다도 유행=시류에 따라 적절하게 변화하고 적응하는 방법이 옳다는 것을 상식적으로 이해하여야 된다. 거듭 말하거니와 현상유지나 과거지향(志向)적인 것은 바람직하지 않은 것이다.

인류의 도전 목표는 '자유 · 평등 그리고 풍요'

지금 세계에서는 하나의 경향이 분명히 나타나고 있다. 그것을 정치적 · 경제적 · 사회적인 면에서 열거해 보면 주로 다음과 같다.

① 식민지가 없어지고, 지배 · 피지배의 관계가 성립되지 않는다.

② 군인의 사회적 지위가 선진국일수록 저하되고 있다.

③ 경제력이 정치력보다 큰 힘을 발휘하고 있다.

④ 에고(이기)적 분파적인 생활태도 보다는 글로벌(전세계적)한 것을 생각하는 경향이 주류를 이루고 있다.

⑤ 선진국에서는 물질적인 풍요보다도 정신적인 풍요(보람있는 삶)가 중요한 사회 목표로 등장하고 있다.

⑥ 경쟁은 필요하다. 그러나 에고(이기적)를 충족하기 위해서라든가 사회질서를 파괴하는 것과 같은 과당 경쟁은 사회악으로 평가되기 시작했다.

여기에서 우리가 이해할 수 있는 것은 인간에게는 인류로서의 도전 목표가 있고 착실하게 그 목표를 향해 발전하고 있다는 사실이다.

인간은 풍요로워짐에 따라 보다 세계적인 시야에서 생각하고 행동하게 되었다. 환언하면, 교육성(敎育性 : 인간이 가진 특성을 개발하는 것)의 추구와 공기성(公器性 : 가급적 많은 사람이나 세상을 위하여 공헌하는 것)의 추구가 인류가 도전하는 최고 목표가 될 것이다.

이 교육성은 자유·평등에 인간을 정착시킴으로서 더욱 효과적으로 추구할 수 있고, 공기성(公器性)은 보다 풍요로운 사회를 목표로 삼고 있다고 볼 수 있다.

따라서, 전술한 세계에서 나타나고 있는 분명한 6가지 경향은 자유·평등·풍요라는 3가지 목표로 집약될 수 있고, 이것이 인간으로서 올바르게 생성 발전하는 방향이라는 깃으로 이해할 수 있다.

2. 끊임없이 크게 되려고 노력하자

만날 때마다 크게 발전하는 사람

'사람을 만나는 것이 직업…'이라고 하는 '경영 컨설팅 회사'를 운영하고 있으므로 매일 많은 사람과 만나고 있다. 물론, 여기에는 매일 또는 월 1회 만나는 사람, 1년에 3회, 가끔 만나는 사람 등 여러가지지만 사람을 만나는 것은 즐거운 일이다.

그 최대 핵심은 배우는 즐거움이다. 내가 인간이기 때문이겠지만, 사람들이 가장 많은 가르침을 가져 온다. 알고 있는 것을 다시 확인하게 되고, 모르는 것이 알게 되는 것을 가르침을 받는다고 할수 있는데, 이 '확인'과 '아는 것' 만큼 즐거운 일은 없다. 그 이유는 이것으로 자신감을 갖게 되고, 성장되기 때문이다. 삶의 보람을 '자부심'과 '성장·봉사'라고 한다면 그 중에서 2가지 조건을 충분히 배우게 되기 때문이라고 할 것이다.

만나는 즐거움의 두번째 핵심은 이미 아는 사람의 '변화'를 확인할 수 있다는 점이다. 사람을 만날 때, 아는 사람을 만나게 되면 반드시 전에 만났을 때의 일을 기억하기 마련이다. 어떤 사람도 시시각각으로 변하고 있다. 따라서 시간의 경과와 함께 인간에게는 '변화'가 나타나는 것이다.

그동안에 인간은 마땅히 성장하거나 노화(老化)한다. 그리고 전체적으로 성장된 사람을 만나면 '발전했구나'라고 느낄 것이고 노화된 사람을 만나면 '늙었구나' 하고 느끼는 것이다. 물론 느낌이란 것은 주관적인 것이므로 객관적으로 평가할 수가 없는 것이지만, 누구나가 '발전한 사람'을 만날 때는 배우는 바도 많고 격려도 된다. 반대로 '후퇴했다'고 느끼는 사람을 만나면 훈계도 되며 관점에 따라서는 배우는 바가 될 수도 있다.

예를들면, 어떤 사람이 전에 비해 옛날 이야기나 자만적(自慢的)인 말을 장황하게 늘어놓으면 나는 그가 '후퇴했다'고 느껴지고, 비판이나 결점의 지적, 또는 불평이 많아졌을 때도 작아진 것으로 생각된다. 또, 불필요한 말이 많아지고(예컨대, 1분에 끝날 것을 10분간 이야기하는 것) 침착성이 없으면 '과연 후퇴했구나' 하고 느껴지는 것이다. 이와는 반대되는 경향이 보이면

'성장됐다'고 느껴진다.

예를들면, 최근 1개월 사이에 많은 경영인을 만났는데, 다음과 같은 사람들로 부터는 만날 때마다 '발전된 것'으로 느껴졌다.

간사이(關西)지방 경제계에서 촉망되는 사야(茶谷周次郞) 동양방적 전무나 생명보험업계의 왕자로 알려진 동방생명의 다이다(太田新太郞) 사장, 또 소비자 금융업계의 하마타(浜田武雄) 사장 등은 '적확(的確)한 판단'이란 점에서 무서운 박력을 발휘하고 있고, 마루이(九井)의 아오이(靑井) 사장과 같이 항상 친절하게 대화하면서도 만날 때마다 배우는 바가 많다. 특히 아오이(靑井)씨 같은 사람은 상대방의 마음을 정확하게 이해하는 소박한 대인(大人)이라고 할만하다.

이같은 분들을 만날 때는 즐겁다. 만나서 이야기 하다보면 나까지도 대인처럼 느껴지는 것이다. 이것이야말로 사람을 만나는 즐거움인데 생각해 보면 이들은 모두가 성공의 유지자이고 성장하고 있는 사람들이다.

그들의 에너지는 끓임없이 인간으로서 보다 크게 성공하려는 목표를 가지고 노력하는 데서 나오고 있다는 것을 대화나 태도, 판단 등에서 충분히 알 수 있다. 인간인 이상 이분들과 같은 자세가 바람직할 것이다.

적수공권(赤手空拳), 노력이 행운을 가져온다

오끼나와에 자나미(座波)그룹이라는 큰 기업체가 있다. 이 기업체는 오끼나와에서 첫번째의 해상 토목 공사업체인 자나미(座波) 건설을 중심으로, 강재(鋼材)·건재(建材)·농업용 자재를 취급하는 오기사카(沖阪) 산업, 가전(家電) 소매업체인 자나미(座波) 상회 등으로 구성되어 있는데, 이 그룹의 총수는 자나미(座波政福)씨이다. 그는 오끼나와 북부의 모토부에서 출생한 70의 노인으로 국민학교 졸업후, 맨손으로 고생 끝에 현재의 지위를 확보했으나, 군복무·포로·미군 점령하에서 여러가지 직업에 종사하는 경험을 거쳐,

① 양성적으로 살 것.

② 전향적으로 살 것.

③ 대의명분이 있는 것을 한다.

④ 상대방의 마음을 읽고 철저하게 보답한다.

⑤ 균형이 가장 중요하다는 것을 강조했다고 한다. 그는 1951년부터 사업가로서 출발했는데 그를 아는 사람들은,

① 오끼나와에서 가장 선견지명이 있는 사람

② 사람들을 대우할 줄 알고, 누구에게서나 호감을 받는 사람으로 알려져 있다.

나도 그와 친분을 맺고 있는데, 가장 감명 깊은 것은 그의 온후한 표정에서 옛날 고생의 흔적을 전혀 찾아볼 수 없다는 점이다.

그뿐만이 아니라 열성적으로 노력하는 성품이고, 만나고 있으면 3~4시간 이상 미래지향적인 계획과 꿈을 펼치는 정열적인 사람이다.

'자나미(座波)선생, 좋아하는 사람은 누구신지?' 하고 물었을 때, '모든 사람이 다 좋습니다. 그런데 마쓰시다(松下幸之助)씨로부터 여러가지를 배웠습니다. 그분은 한번 만난 뒤부터 나를 기억하더군요. 두번째 부터는 오끼나와의 자나미군이군! 하면서 귀여워 했습니다. 그리고 그분으로부터 배운 것은 80세가 넘었는데도 계속 50년이나 100년 후의 앞 일을 생각하는 것이었습니다. 그 분의 미래에의 정열이 에너지와 노력을 만들고, 마쓰시타(松下) 그룹을 오늘날처럼 성공시켰을 것이다'라고 말했다.

여기에서 자나미(座波)씨를 거론한 것은 친분이 있고 더구나 존경하는 사람이라는 사실 이외에도 그가 일본에서도 가장 빈곤한 오끼나와 북부 출신이라는 것, 더구나 전쟁의 격동기에서 고생 끝에 강인성과 명랑성을 가지고 살아온 점, 그리고 지금 성공한 기업가가 되었으나 그의 회사를 방문해 보면 철저한 종업원 교육, 종업원의 넘치는 활력에 놀라지 않을 수 없기 때문이다. '용맹한 장군 밑에 허약한 병사가 없다'는 말과 같다. 일반적으로 뱃사람=선원(船員)이기 때문에 성격이 광폭한 것으로 알려져 있으나, 자나미(座波)건설의 해상 근무자들은 참으로 예의가 바르고 얌전한 성격이었다.

이것은 그가 주장하는 '더욱 더 이 세상을 위해 노력하고, 체질을 개선하여 더욱 크게 성공한다'는 목표의 일부분이라고 할 수 있겠는데, 나의 견해로는 장래에 대한 꿈과 노력이 그의 행운을 만들었고 앞으로도 계속될 것이라고 생각하지 않을 수 없다.

'자기의 생각하는 바가 성취된다는 것은, 객관적으로 다른 사람들의 이야기도 성취될 가능성이 강하다'는 것이 '심리적 법칙'이라고 한다면, 제3자가 볼 때도 더욱 성공할 것으로 전망되는 자나미(座波)씨는 틀림없이 행운의 경영자가 될 것임에 틀림없을 것이다.

능률적이 되지 않을 수 없는 민영 자유기업

얼마 전, 어느 신문사가 주최한 자리에서 '니치이'의 니시바시(西端行雄) 사장과 2시간 반 정도 대담했다. 앞으로의 유통업계나 '니치이'의 미래 전략에 관해 이야기하였는데 대담후, 가장 기억에 남는 것은 니시바시(西端) 사장의 경영에 대한 강한 신념이었다.

　　이것을 개인적으로 정리한다면,

　　① 기업이란 사장이나 기업체의 체질과 조화를 이루어야 된다. ② 그러면서도 뭣보다 고객을 위한 것이어야 된다. ③ 그리고 이익이 필요하다. 공기성(公器性)의 추구가 이익과 연결되기 위하여는 균형과 능률의 감각이 뭣보다도 중요하게 된다. 이같은 발상에서 기업체를 상정(想定)할 때, 민간 자유기업이 되지 않을 수 없다는 것이 그의 경쟁에 대한 의견이었다. 과연 그럴 것으로 생각되어 나도 동감이었다.

　　관공서나 특수법인에 비해 민간 자유기업은 많은 장점을 지니고 있다. ① 사회적 공공성과 ② 수익성의 두가지를 모순없이 추구하고 양립(兩立)시켜야 하므로 능률 감각과 밸런스 감각이 우수하다. 불필요·무리·불이익을 피하도록 한다.

　　그러나 반드시 경쟁이 존재하므로 패배하지 않으려면 끊임없이 연구 노력하고 발전하지 않으면 안된다. 여기에서 당연히 속도가 생기고, 집중력이나 의욕, 승부욕 등이 발전을 위한 필수 조건이므로 매일 강화되어 간다.

　　이에 따라 사원들의 두뇌 플레이도 원활하게 되고 변환자재성(變幻自在性)이나 선견성도 생기며, 경쟁 긍정적(競爭肯定的) 발상도 나타난다.

　　어쨌던, 왕성한 인간을 만드는 조건이 민간 자유기업에는 집중되어 있는 것이다. 공산주의 사회뿐만 아니라 전체주의적 계획 사회의 존재 근거에는 일부 긍정적인 요소가 있었으나, 현실적으로 자유성(自由性)이나 경쟁성 또는 향상성의 부정이고 따라서 비능률·비의욕적·비균형적인 것이 되어 버리는 경우가 많다.

　　우리 회사와 같은 경영 컨설턴트 회사 겸 싱크탱크(thing tank)는 자유기업보다도 특수법인이 편리하다는 의견이 많다. 그러나 이에 대하여 나는 수년전에 다음과 같이 결론지었다.

"4차 산업, 5차 산업의 세계는 실력의 세계이다. 그러므로 실력이 많고, 밸런스 감각, 능률 감각이 우수하여야 된다. 해답은 민간 자유기업이다"라고. 어쨌던 가장 능률적으로 발전을 지속하지 않으면 살아 남을 수 없다. 경영 컨설턴트라고 하는 것은 이와 같이 인과적(因果的)인 사업인데, 그만큼 인간으로서 태어난 목적과 가장 알맞는 사업이라고도 생각되는 것이다.

소매업은 최고의 직업인데도 대물림이 안되는 것은?

나같이 다양한 업종에 대한 경영 컨설턴트를 운영하고 있는 입장에서 볼 때, 상식적으로 일본의 소매업은 최고의 직업으로 생각된다.

소매점을 대상으로 하는 세미나에서 나는 항상 다음과 같이 말한다. "소매점 경영이란 훌륭한 직업입니다. 우선 경제적으로 볼 때, 매장 면적 33평방미터의 점포를 하나 운영한다면 2~3명의 자녀를 대학까지 졸업시켜 결혼시킬 수 있지요. 더구나 자기가 독자적으로 경영하므로 가장 사유롭다. 하루를 쉬려면 셧터를 닫으면 되고, 꼭 셀러리맨처럼 넥타이를 맬 필요도 없다. 철저하게 노력하지 않아도 충분히 생활이 유지된다. 만일, 의욕만 가지면 얼마 후에 큰돈을 저축할 수도 있다. 자력으로 성취 가능한 직업이기 때문이다. 문제는 노력하지 않아도 생활이 가능하기 때문에 태만한 경우가 많다는 사실이다. 그리고 어느 정도 노력한 뒤, 피곤하면 잠시 쉬면 된다. 한번 올라간 매상은 내려가지 않는 경우가 많은 직업이다. 비교적 최고의 직업이다.

이렇게 생각할 때, 매장 면적 33평방미터를 가지고 있는 사람은 자본금 100억엔의 회사 중역보다도 못할 것이 없다. 그런데 매장 면적이 100평방미터 이상인 점포 주인의 자제들이 대(代)

를 이으려고 하지 않고 자본금 1천만엔 정도의 시원찮은 회사
평사원으로 취직하려는 이유는 무엇인가? 대답은 간단하다. 우리
의 인간성이라고 할 수 있는, 대성(大成)하려는 욕망을 점포
주인이 부정하기 때문이고, 편하기만 하다는 것은 보람있는 삶과
연결되지 않기 때문이다'라고.

일본에서의 소매업은 실업자 문제를 해결하는 완충 장치같은
경우도 있는데, 대대로 물려받는 가업(家業) 점포나 영세점 등은
철저히 보호되고 있다. 어쨌던 여기에 참여한 사람 중에서 노력
가들은 계속 급속성장을 이룩한다. 그리고 자제들이 대를 물려받
지 못해도 1차나 2차 산업에서 흘러들어 온 사람들이나 의욕을
가진 사람들은 계속 이 소매업에 진출하고 있다.

끊임없이 활력이 넘치고, 일본인의 특성인 페어쉐어(Fair share
: 공정한 배당)의 원리가 가장 잘 적용되고 있으므로 현재는
'경제의 암흑 대국'이거나 '세계 선진국 중에서도 가장 모델이
되는 시스템'으로 알려져 있다.

물가도 높지 않고 풍부한 상품, 더구나 질적으로 좋은 상품이
싸게 제공되고 있다. 유통혁명론은 성립되지 않았으나 페어쉐어
론이 성립되었으므로 그룹 전체가 번영하기 위한 모델이라고
까지 불리고 있다.

여기에 대한 여러가지 문제점을 기술한 것이 《80년대 번영의
전략》인데, 이책을 발간한 직후,

"후나이 선생은 무슨 이유로 이렇게 훌륭한 유통업사업을
직접 경영하시지 않고 누구 보다도 어렵다고 하는 경영 컨설턴트
같은 사업을 계속하는지요"라고 10여명으로 부터 질문을 받았
다.

나는 이들에게 "쉴수가 없기 때문이지요. 쉽게 되면 발전이
중단되고 즉, 살 수 없게 됩니다. 이만큼 체질개선과 노력이 강요

되는 사업도 없을 것입니다. 즉 철저한 노력이 요망돼지요. 따라서 힘이 들지요. 그러나 이것이 삶의 목적에 따르는 것이라고 생각하며, 현재는 체질이 이 사업에 동화(同化)되었는지 즐겁게 노력하고 있지요. 매일 매일 색다른 경험과 지식을 만나게 되니 즐겁고, 두뇌 회전이 빨라지는 것을 매일 느끼기 때문에 이제 다른 직업으로 바꿀수도 없지요.” 라고 대답하였는데, 끊임없는 노력과 체질개선을 통해 거래하는 기업체를 크게 발전시키지 못하면 삶의 보람을 느낄 수 없는 것이 경영 컨설턴트 사업의좋은 점이라 하겠다.

보통 사람들은 경영 컨설턴트가 되지 말라

소매업이 어느 정도 쉬거나 노력하지 않아도 생활할 수 있다는 의미에서 좋은 직업이라고 한다면, 경영 컨설턴트는 그런 의미에서 가장 매력없는 직업이다. 경영 컨설턴트업을 하겠다는 사람이 매월 10명 정도 나를 찾아오고 있는데, 원칙적으로 권장하지 않고 있다.

그 이유는 특수한 재능이 있거나 끊임없이 노력을 지속할 수 있는 사람 이외는 그 장래성에 대해 낙관할 수 없고, 여기에 참여한 사람의 대부분도 실패하는 만큼, 사회적 평가도 선택된 몇사람 이외에는 낮은 경우가 많아 쉽지 않기 때문이다.

지금부터 12년 전, 처음 저서가 발간되었을 때, 당시 그 출판사의 전 사장이었던 비즈니스사 구와나(桑名一央)씨는 다음과 같이 말했다.

“후나이씨, 한권의 책을 쓴다는 것은 당신같은 직업인 경우, 대단히 어려운 일입니다. 출판이 되었으므로 알려주는 것인데, 나에게도 문제가 있으나 발간된 이상 더욱 노력하기 바랍니다.

　우선 경영관계 서적은 일반적으로 1,000부에서 2,000부 정도 밖에 팔리지 않지요. 출판사로서는 최소한 4천부 이상 팔려야 수지계산이 맞게 되므로 첫 발간 책이 4천부이상 판매되지 못하면 두번다시 출판이 불가능해집니다. 출판계는 비교적 협소하기 때문에 어느 책이 얼마만큼 팔렸는지 정확히 알 수 있지요.

　그리고, 당신의 경우처럼 한번 출판하면 2년 안에 다음 저서를 또 발간하여야 됩니다. 그렇지 않으면 독자들이 망각하게 됩니다. 더구나 두번째 책 내용이 첫번만큼 인기가 없으면 독자로부터 외면당하지요. 발전하지 못하면 살아남을 수가 없지요. 후나이씨! 그러므로 이 책을 한권 쓴 이상, 이제부터는 이 책보다 더 내용이 훌륭한 책을 계속 발간하지 않을 수 없는 숙명을 갖게 되었다고 생각하고 노력하기 바랍니다. 무엇보다도 당면한 문제는 이 책이 4천권 이상 팔리느냐가 걱정인데……"라고.

　이 구와나(桑名) 사장은 비즈니스 출판사의 창립자같은 분인데, 나에게는 큰 은인이고 그의 말이 정확했다는 것을 이 업계에 20년 있는 동안 체험으로 알게 되었다.

　쉴 수가 없다. 지속적 노력으로 발전하지 않으면 안된다. 나는 이 일에 만족하고 있지만, 이것이 보통사람들에게는 권장할 수 없는 이유이기도 하다. 개인적인 문제이기 때문에 쑥스럽지만, 나는 매월 도쿄와 오사카에서 1회씩 거래처의 사장들을 대상으로 하는 '코스모스 클럽'이라는 정례적인 경영연구회를 개최하고 있다. 회원제로 400개사 정도인데, 매월 오사카에서 140여명, 도쿄에서 200명 정도가 참가한다. 거의 10년 이상 계속하고 있는데, 같은 사람들이지만 두뇌가 훨씬 명석한 대량판매의 기업경영자들이고, 한 달에 1회일지라도 경영연구회를 주최한다는 것이 처음에는 어려움이 많았다. 시원찮은 준비로서는 만족시키기가 힘들었다.

이 정기적인 연구회 이외에 연간 2회, 1월과 7월에도 우리가 고문을 맡고 있는 대량 판매점의 사장들 400여명이 모이는데, 2박 3일의 '후나이 원맨 세미나'를 개최하고 있다. 이때는 3일간을 대부분 나 혼자서 맡고 있다. 이 세미나도 1981년까지 25회가 넘었으나, 초기에는 고통때문에 그때마다 2~3kg씩 체중이 줄었다.

다행히도, 이같은 고민을 나 혼자서 해결하는 습관과 또 나는 좋아하는 것을 계속 추진하는 의지가 강해, 정력이 더 왕성해졌는지 또는 두뇌가 더 명석해졌는지는 모르나 현재는 코스모스 클럽의 정례 연구회나 원맨 세미나도 여유를 가지고 즐겁게 진행시키고 있다.

그리고 우리 회사의 경영 컨설턴트들에게도 나와 같은 일을 하도록 권고하고 있는데, 몇사람 이외는 저서를 쓰려고 시도하지 못하고 있고, 자기가 중심인 정례 연구회도 주재하려고 하지 않는다. 가끔 시작하긴 해도 간단히 끝낸다(그 이유는 몇번씩 참석하는 같은 손님에 대해 자기발전이 없을 때는 만족시키는 것이 어렵기 때문인데, 스스로 포기하는 경우와 손님이 불참하는 두가지가 있다). 그 덕택으로 회사에서는 나의 활동 범위가 많은 경우가 있으나, 저서를 쓰지 못하고 연구회를 주재하지 못하는 컨설턴트들도 우수한 능력자들이다.

보통사람들에게 경영 컨설턴트의 직업을 권할 수 없는 이유와 마찬가지로 발전 성장을 지속하기 위하여는 노력과 고생을 즐겁게 생각하는 강한 의지력이 필요한 점도 이제까지의 설명으로 이해될 수 있을 것이다.

그대신에 노력하고 견디어 나갈 수 있는 자신감 있는 사람에게는 경영 컨설턴트가 훌륭한 직업이 될 수 있을 것이다. 그것은 성장을 계속하고 발전하기 위한 핵심과 알맞기 때문이다.

성공한 창업 경영자야말로 최고의 모델이다

후나이 경영숙(經營塾)이라는 다음 2세(世)들을 위한 경영자 양성숙(養成塾)을 2년 전부터 시작했다. 이것은 경영자의 자제를 매월 5일간씩, 1년간 의뢰받고 그동안에 철저히 경영자로서의 기초 능력을 갖도록 하는 것을 목적으로 하고 있다.

그 가장 중요한 핵심은 '지속적인 발전 의지, 체질의 양성'이다. 여기에서 상세하게 프로그램을 설명할 수는 없으나, 중요한 것은 ① 창업자 연구 ② 휴먼 스킬(Human Skill : 인간적인 기술)과 컨셉셔널 스킬(Conceptimal SKill : 창안적 기술)의 습득, ③ 클리릭 세미나(clinic seminar : 임상 세미나)에 의한 마크로(macro)사고력과 환경 적응력의 양성 ④ 후나이식 경영법의 습득 ⑤ 성공자 체계의 습득 ⑥ 스승과 친구 만들기 ⑦ 기초 경영학의 습득 등이다.

이 중에서 가장 노력하고 있는 것이 창업자에 대한 연구인데, 그러기 위하여 연수하는 날에는 대부분 매일 성공한 창업 경영인들로 부터 체험담과 2세에의 희망사항 등을 듣도록 하고 있으며, 매회마다 유명한 창업 경영인의 특성을 자료에 의해 분석, 정리하고 배울 점을 찾아 설득하고 있다.

창업자의 연구를 특히 중요하게 생각하고 있는 이유는 '이 세상을 움직이고 있는 사람들이 창업자형 인간'들이기 때문이고 2세나 3세들도 창업자형의 특성을 갖지 못하면 기업의 발전을 약속할 수 없기 때문이다.

이 '창업자형 특성에서 가장 중요한 것이 '끊임없는 전진(前進)'의 의지와 체질이라고 할 수 있다.

표 13은 후나이 경영숙의 제2기생이 정리한 창업형 성공자

〈표 13〉 성공한 창업형(創業型) 경영인의 특성

이것을 갖추고 있는 것은 2세(世) 경영인들이다.

①카오스적(的) 인 간	로맨티스트 에고이스트 온화하다 냉정하다 …	한 사람이 여러가지 특 성을 가지고 있으며 다중 (多重)인격자에서 볼 수 있다.
②사선(死線)을 넘는 강인함이 있다.	낙천가 자신가 …	대부분 최하의 어려운 노동 경험자들이고 플러스 발상형이며 결코 포기하는 경우가 없다.
③전진형(前進型) 인 간	몽상가 돌진형 …	무엇이나 좋아하고 모든것 에 관심이 있으며 유연한 체질과 끈질긴 성격이 있다.
③중심형(中心型) 인 간	리더쉽형 주도권형 …	고통을 말하지 않으면서 스스로 리더쉽과 책임을 지려고 한다.
⑤대중지향형(大衆志向型)……………		사명감, 대의명분은 '보다 더 대중을 위하여'이고, 이것이 무한한 에너지를 만든다.

경영인의 2세가 본 특성이다. 이것을 보면, 특성①의 '카오스적
인간'은 별도로 하고, ②의 '죽을 고비를 넘긴 강인성' ③ '전진형
(前進型) 인간' ④의 '중심형 인간' ⑤의 '대중지향형(大衆志向
型)' 속에는 계속 목표를 크게 갖고, 노력하려는 성공유지의 중요
핵심이 전부 포함되어 있는 것을 알 수 있다. 흥미있는 일이다.
성공한 창업자 경영인이야 말로 성공하기 위한 최고 모델이라고
할 수 있기 때문이다.

3. 자기를 알고 체질을 개선할 것

일본인의 특성은 '해양민족 · 동질민족 그리고 이성과 정감의 혼합민족'

전에 하세가와(長谷川慶太郎)씨, 이치바시(市橋立彦)씨와 3인이 함께 '일본인이란?'이라는 좌담회를 가진바 있었다.[하세가와씨에 대하여는 제1장에서 설명했으나 이치바시씨는 현재 크레이 다이고(大廣)의 회장이고, 아이디어 맨 그리고 마케팅맨으로 유명하다. 나와는 오랫동안 친분관계를 유지하여 왔다]. 이 두분은 모두 일본말 보다도 영어를 잘 구사할 정도로 외국통이고 세계 각국에 친구가 많은 만큼 비교론적으로 여러가지 '일본인의 특성'이 논의되었는데, 결론은 다음 3가지로 집약되었다.

첫째, 지정학적(地政學的) 발상에서 본다면 일본인은 해양민족, 섬민족이라는 것이다. 이렇게 볼때, 일본인은 자유 · 평등을 뭣보다 좋아하고 무역이 왕성할 때는 더욱 발전하는 체질이 있으며 현재와 같이 교양과 소득 수준이 높아짐에 따라 점점 그 특성을 활성화 시키지 않으면 안된다는 것이다. 즉, 이제부터의 일본은 민간 자유기업이 가장 능률적일 수 밖에 없고 통제나 제약, 메뉴얼 · 간섭 등이 발전에 나쁜 영향을 주게 된다는 것이 3인의 일치된 의견이었다. 이러한 관점에서 뭣보다도 전쟁이 가장 일본인에게 불리하다고 말할 수 있을 것이다.

두번째, 일본인의 특성은 동질(同質) 민족이라는 것이다. 일본적 경영의 특성이라는 화(和)의 정신, 믿음을 전제로 하는 시스템, 페어 쉐어(Fair share : 공정한 배당)의 원리, 신상무벌(信賞無罰)의 구조, 전원 일치에 의한 근본적인 운영 등은 동질민족이 아니고서는 있을 수 없는 특색이라고 할 것이다.

그리고, 공직이나 직권을 남용하여 사리(私利)를 채워서는 안되는 것, 즉 커미션이나 리베이트를 사적으로 착복해서는 안되지만, 자기가 소속된 조직체에는 감추지 않고 입금시키는 사상은 동질민족이 주자학(朱子學)에서 주장하는 수치(羞恥)의 문화적 영향에서 만들어진 결과이고, 이같은 일본인이 개인적으로는 허약하지만, 조직체로서는 매우 강하며, 고도의 효율성을 발휘한다는 것도 이점에서 증명되는 것이다.

세번째, 일본인의 특성은 쓰노다(角田) 이론이 주장하는 이성(理性)과 정감(情感)의 혼합 민족이라는 것이었다. 의기가 투합되거나, 좋아하는 것 이외에는 능률적이지 못하고 계급차를 싫어하며(유도에 있어서도 일본 독특한 핸디캡이 없다), 토론을 거치지 않고 감정만을 앞세우는 것, 소위 교섭과 계약의 차이가 분명치 못한 것 등 일본인의 특성이 이것으로 확실하게 설명되는 것이다.

그러나 좌담회의 결론은 '이와같은 특성은 일본인들에게는 당연한 것이지만 세계의 다른 민족에게 있어서는 이해가 어려운 경우가 많다. 일본의 비상식이 세계의 상식이고, 세계의 비상식(非常識)이 일본인의 상식이라고 할 정도이다. 이와 같은 사정, 말하자면 자기를 알고 다른 나라 사람들의 특성이나 체질을 알며, 자기의 장점을 활성화 시키면서 단점을 보완하며 세계에서 고립되지 않고 살아나가자' 하는 것이 되었는데, 일본인이란 이와 같은 특이한 성격·습관·체질을 지니고 있는 것이다.

나는 일본인이어서 그런지 모르나 '일본인만큼 우수한 인종은 없다'고 생각한다. 그렇다고 몰염치한 것이 아니다. 다만, 일본인의 특성을 활성화 시켜 훌륭하고 슬기롭게 살려고 한다.

'포용성'은 일본인의 우수한 특성이다

나와 친한 서구인 친구들＝그들은 상당히 지적(知的) 수준이 높은 편인데, 그들아 일반적으로 이해하지 못하는 사고방식에 '포용성(包容性)'이라는 말이 있다.

예를들면, 텐쓰(電通)라는 큰 회사가 '닉카'와도 동업하고 '산토리' 회사와도 거래한다고 하면 서구인들은 이해하기 어려운 표정을 짓게 된다. 더구나 우리 회사처럼 한 거리(街)에 5개의 대형 소매점이 있을 경우, 그중 4개 점포나 전부와 경영 컨설팅 계약을 맺고 있다고 하면 아연실색하고 만다. 이와 같은 사고방식의 근본이 '포용성'인데, 나의《포용성의 발상》이란 저서를 읽게 되면 경악하고 말 것임에 틀림없다.

보통 서구적(西歐的)인 사고방식에서는 대립적인 두가지가 공존한다는 것이 불가능하고, 양자는 양극(兩極)으로 갈라지며 얼마후 대립의 결과로, 약자는 없어지고 한쪽만이 남는다는 것이 된다. 기업간의 경쟁에서 본다면, 세그멘테이션(segmentation : 분파)에 의해서, 자기 강점(強点)에 대한 보강 및 주장인 것이고, 상대방의 약점에 대한 공격이며, 차별화(差別化)인 것이다.

일본인과 같이, 상대편의 강점과 약점도 전부 자기 것으로 만들고 소위 포용하기에 좋은 점만을 남겨 두는 것이 가장 좋다는 사고방식이나, 거기까지 발전하지는 않아도 서로가 자기의 입장이나 특성을 알면서 따로 살아갈 수 있다는 것과 같은 서구인들은 상당히 이해하기 어려운 것이다.

그러나 세계적으로 동서(東西)문제, 남북(南北)문제에 있어서도, 현재는 그 해결에 일본식 '포용이론'이나 '분서론(分棲論)'을 활용하지 않을 수 없는 정도에까지 이르고 있다.

이와 같은 사고방식을 이해하지 않으면 안된다. 그러기 위해는 예컨대 서구식 사고방식이나 서구인의 체질도 이해하지 않으면 안되지만, 일본인들은 일본인의 특이성(特異性)을 알고, 서구인에게 대처하여야 되는 것이다. 동남아시아인이나 아랍인에 대하여도 마찬가지다.

일본인은 정감과 이성을 동시에 가지고 있으므로 의리와 인정의 고정관념때문에 고민하는 경우가 많다. 히라죠오사카리(平重盛)의 말과 같이 '효(孝)를 따르자니 충(忠)이 어렵고, 충을 따르자니 효행이 어렵다'는 경우도 그동안 공감을 받아 왔다. 이와 같이 상반되는 것을 포용함으로써 해답을 구하거나, 그대로 존속시킨다는 것은 논리적으로 매우 어렵지만, 그만큼 원만하게 그 해답을 구하는 과정을 이용하면 탁월한 지혜와 에너지가 나오게 된다.

후나이식이란 것은 '포용성이 최고'라는 발상이다. 예컨대 나는, 과거 나에게 있었던 어떤 일도 모두 선량했다는 사상을 가지고 있고, 그리고 모든 사람의 언동은 그 사람의 입장에서 볼때 옳다고 믿고 있다. 따라서 자기 스스로는 많은 사람들의 언동을 '옳다'고 긍정하도록 노력하는 것이 인간으로서 태어난 이상 인생의 도전 목표라고 생각한다. 이것을 '타인 전부 긍정의 목표'라고 말하고 있는데, 이 '타인 전부 긍정의 목표'와 '과거 전부 선사상(善思想)'이 나같은 입장에서 본다면 경영자적 발상이고 경영자의 비결처럼 생각되는 것이다.

'타인 전부 긍정'도 '과거 전부 선사상'도 완전한 '포용성의 사상'이다.

구체적인 실예를 하나 들겠다. 우리 회사의 사원인 A컨설턴트와 B컨설턴트가 어떤 회사의 의뢰사항에 대하여 전혀 상반된 어드바이즈를 하겠다고 한다. 너무나 차이가 심하므로 두사람이 나를 찾아와 의견을 물었다고 하자. 이 경우, 우선 나는 '두사람 모두 옳다'는 전제에서 생각하여야 된다. 그리고 두 사람을 포용하는 해답을 생각하게 되는 것인데, 떠오르지 않으면 보류하게 된다.

그러나, 다행히도 대개는 포용하는 해답이 발견된다. 따라서 아무리 다른 의견이 대립적으로 나와도 포용성의 내용은 완전하게 되고, 에너지나 지혜도 나오기 마련이다. 이와는 달리 떠오르지 않을 때는 보류하는 방법이 있으므로 주저할 필요는 없다. 심사숙고하면, 보류한 이유까지를 포함시켜 말할 수도 있고, 수학적으로나 논리학적으로 말할 수 없는 경우도 당연히 있는데, 그때는 그것을 분명히 밝히면 된다.

의견보다는 상성(相性)과 체질이 중요하다

앞에서 '니찌이'의 니시하시(西端) 사장의 이야기를 소개하였지만, 체질에 맞지 않는 것을 하면 우선 실패하기 쉽다. 또 의심스런 일을 추진하거나 싫은 사람과 같이 동업을 하면 실패하기 쉽고 성공도 어렵다. 회사를 조직하거나 동업자를 만들 때, 의견 일치보다는 체질이나 선호(選好)하는 감정을 앞세워야 한다는 것이 조직 운영의 상식인데, 일본인은 이성과 정감이 혼합된 민족인 만큼 특히 이점이 중요한 것이다.

따라서, 계속 발전하고 성공을 유지하려고 생각하면 뭣보다도 많은 인간과 기업에 알맞는 체질, 또는 가능한 한 많은 사람에게 호감을 주는 훈련이나 마음 자세가 필요하게 된다.

예를들면, 사장의 임무 중에서도 가장 중요한 것은 '신입 사원

의 선발'이다. 이 경우, 첫째 핵심이 뭣인가를 생각한 끝에 최근에
는 뭣보다도 '상성(相性)'이라는 기준이 생겼다. 이 상성(相性)
이란 성격이 서로 맞느냐 하는 것이다. 의견이 맞거나 생각이
매우 똑같다고 해도 그것은 가끔 의견이나 생각이 비슷할 뿐인
경우가 많고 조건이나 환경이 다르면 전혀 틀릴 가능성이 많다.
그러나 상성(相性)이 좋으면 의견과 사고방식이 달라도 상호간
에 '어쨌던 상대편의 입장을 인정하자'고 노력하게 되는 것이
다.

그러므로 상성이 좋은 친구끼리는 같이 있는 것만으로도 즐겁
다. 상성이 좋으냐 나쁘냐는 간단히 말해서 좋아하느냐, 싫어하
느냐인 것이다. 좋아하는 경우에는 그것이 사람이건 사업이건
전력투구하게 되는 것이 인간의 타고난 천성이므로, 사장이 사원
을 채용할 때는, 호감이 가는 사람을 채용하기 마련이고 능력이
있게 보여도 싫은 사람은 채용하지 말아야 된다.

이렇게 생각할 때, 높은 자리에 서면 설수록 많은 사람들로부
터 호감을 갖는 노력을 해야 되고, 말단 사원일때도 많은 상사들
로부터 호감을 받는 인간이 되도록 노력하시 않으면 안될 것이
다.

최근에 와서 '건방진 소리를 들으면 인간이란 결국 감정의
동물이므로 이성만으로는 해결하기 어렵다'는 생각을 나는 갖게
되었다. 동시에 인간은 감정 이입(感情移入 : empathy)이 철저한
동물이므로 호의를 받으면 그 사람을 좋아하게 되고 싫어하면
이쪽에서도 외면하는 '거울의 원리'가 존재하는 것도 새롭게
알게 되었다.

결국, 상급 간부는 부하들과 맡은 임무에 대해 호감을 느끼
고, 그 감정으로 성과를 올림과 동시에 그 감정을 부하들에게
이입시켜 부하들도 성과를 올리도록 하는 것이 하나의 노력 목표

라고 말할 수 있을 것이다.

수입은 전화의 활용도에 따라 비례한다

'호감을 갖는다'는 것에 대하여, 현재는 고인이 된 고즈미(小泉) 그룹의 총수였던 고즈미(小泉―兵衛)씨로부터 다음과 같은 이야기를 들은바 있다.

"후나이 선생, 좋아하는 사람을 많이 만드세요. 좋아하는 사람과 친한 사람들이 많으면 전화로 사업을 추진하는데 매우 유익합니다. 나는 전화로 활용되는 사람이 많을수록 수입이 많다고 생각합니다. 예를들어 100명이면 연간 수입 1천만엔, 1천명이면 1억엔이지요. 인생이란 현대 생활에 있어서 전화로 활용할 수 있는 인간을 증가시키는 것이 목적이라고도 생각하는데, 어떻습니까?" 라고.

분명히 옳은 말이다. 전화로 어려운 문제를 부탁한다는 것은 쉬운 일이 아니다. 구체적으로 말하면 믿음(신자 : 信者)의 관계가 아니면 전화로 문제가 해결되지 못하는 것이다. 이 원리에 대하여 설명하기로 한다.

말하자면, 타인과의 교류를 '일반적인 관계'에서 '팬으로서의 관계'로 변화시키고 다음에는 신자(信者)의 관계로 발전시키는 것이다. 교제하는 의리를 기본으로, 양자가 서로 팬이 되면서 믿는 관계가 되어야 된다.

저 사람은 훌륭하다, 좋은 사람이다……라고 생각하는 것이 팬이다. 팬으로서의 교류는 더욱 매력있는 사람을 발견했을 때, 일반적인 관심으로 후퇴한다. 이와는 달리 '끝까지 철저하게 교제하여 반해 버린다'는 것이 신자의 관계이다. 마치 부부처럼 운명공통체라고 해도 좋은 느낌을 갖게 되는 것이다. 전화에 있어서도 이렇게 되지 않으면 목적 달성이 어렵다.

종교적 관계는 아니지만, 일반적으로 100명의 신자(信者)=고정 고객이 있으면 어떤 장사도 불가능하지 않다고 한다. 보통 100명의 신자를 가진 사람은 12,800명의 팬을, 그리고 53,200명과 일반적 교류를 유지한다고 한다. 쉽게 말하면 532명과 일반적 교류가 시작되고 여기에서 128명의 팬이 생기고, 다음 한사람의 신자(숭배자)가 된다고 한다(토너먼트 이론).

이정도의 신자 확보일 때, 전화만으로 충분한 목적달성은 어렵지만 400명의 일반인과 교류가 있으면 100명의 신자를 만드는 방법도 있다고 한다.

예를들면, 자기 저서를 제3자에 증정할 때, 그대로 전해 주는 것보다는 '근정, ○○년 ○월 ○일 ×××(자기 이름), ○○○씨께(상대 이름)'라고 따뜻하고 정다운 싸인을 하는 것이다.

상대편의 입장에 서서, 어느 정도 귀찮다고 해도 따뜻하고 즐거운 서비스를 제공하는 것이다. 손님을 보낼 때도 차를 탈때까지 배웅하는 것이 예의이다. 친구의 부인에게 선물할 때도 가장 좋아하는 것을 토산품 속에 감춰서 보내주면 감격할 것임에 틀림없다.

어쨌던 인생이란 즐겁게 사는 것이다. 그렇기 때문에 방향을 바꾸어서 전화로 활용할 수 있는 사람을 하나라도 더 많이 만들려고 노력하고 있다.

최근에는 의학의 발달로 체질도 노력하면 변한다는 것이 확인되고 있다. 그리고 사상·행동·습관·성격·운세 등이 체질까지 변화시키는 것으로 알려지고 있다.

노력으로 능력을 유지하게 되면, 누구나를 받아들일 수 있고, 힘이 없으면 아무데나 쉽게 도전할 수 없는 것이 경쟁의 원리인 것이다.

  체질도 후천적인 것이라면, 발전과 성공을 유지하기 위해서도 누구에게나 호감을 주고 인정을 받는 노력을 계속해야 될 것이다.

제 4 장

성공의 힌트

이 세상에는 쓸모있는 것이 많다. 그중 하나에 '이론(理論)'이 있는데, 이 이론이란 것이 유용하게 작용하지 않는 경우도 많다. 예를 들면, 현재와 같이 격변의 시기에는 '이론'이 사회적인 상황속의 한 현상인 개인이나 기업의 성공을 위해 거의 도움이 되지 못하는 것이다.

그런데 최근 '성공하고 싶다, 돈을 벌자, 그러니까 후나이 이론을 가르쳐 달라'라고 요망하는 사람이 많아졌다. 그러나 그때마다 석연치 못한 기분을 갖게 된다. 그 이유는 우선 나 스스로가 '후나이(船井)이론'을 만든 일이 없고 소위 '후나이 이론'이라고 일컬어지고 있는 이론(?)은 불특정(不特定) 다수의 제3자가 나의 언동(言動)을 관찰하고 시간이 지난 뒤에 만들어진 것과 같기 때문이다.

과학이나 이론이란 것은 몇가지의 가설(假說)에 의해 구축되는 체계라고 할 수 있다. 과학이나 이론이 모두 가설군(假說群) 위에 성립된다는 것은 현재에 와서 기본적 상식이 되었다. 예를 들면, 유클리드 기하학, 리만의 비유클리드 기하학, 뉴톤 역학과 아인슈타인 역학 등은 아주 비슷하면서도 다른데, 전제가 되는 가설을 변경시킨 결과인 것을 모르는 사람은 없다. 그 어느 쪽도 올바르고, 많은 과학이나 이론은 그 모두가 인간이나 사회의 진보를 위하여 어느정도 유익한 것이다.

유익한 이상, 어떤 과학이나 이론도 여러가지 현상(現象)을 긍정하면서 거기에서 출발해야 될 것이 아닌가 하는 것이 나의 기본적 발상이다.

이러한 관점에서 볼때, 현재 후나이 이론이란 것도 이같은 발상을 집대성 하여 만들어진 것이라고 할 수 있다. 그렇지만, 솔직히 말해서 '후나이 이론'이라고 하는 사고방식이 과학적인 그리고 학문적 정합성(整合性)을 지니고 있느냐에 대하여는 회의적이다. 그보다는 부담스럽지 않다는 것이 타당할 것이다. 왜냐하면 그것이 무기로서 매우 유용하기 때문일 것이다. 일반적으로 어떤 학문이나 이론도 무기로서 유용할 때는 학문적 적합성이 불필요하고 오히려 쓸모없는 것인듯 하다.

본서의 제1장~3장도 이같은 발상을 기술하였는데, 어느 정도 체계화는 됐으나 이론은 아니다. 이것을 '후나이 이론'이라고 불려지고 있으나, 이론이 아닌 유용한 범위 안에 해당되는 것이다.

또, 4장에서는 아직 체계화까지 발전되지는 못했으나 나의 직감력으로 이것만은 유용하다는 것만을 설명하려고 한다. 이것이 '성공하고 싶다, 이익을 얻고 싶다, 그러므로 후나이 이론을 해설해 달라'는 여러분에 대한 가장 좋은 대답이 될 것으로 생각된다.

1. 미국과 Z이론

Z이론이 직감적으로 자신감을 갖게. 한다

현재 W. 오오우치씨의 《Z이론》이 베스트셀러가 되고 있다. 여기에 일본인으로서 가장 먼저 관심을 가진 사람은 쑤구바(筑波) 대학의 나카가와(中川八洋) 교수였다. 그는 《초선진국(超先進國) 일본》이라는 책에서 다음과 같이 쓰고 있다.

〈표 14〉 앞으로의 기업경영

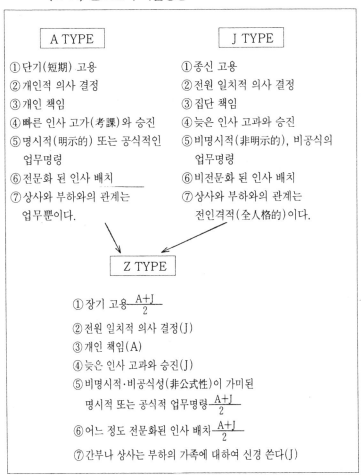

A TYPE

① 단기(短期) 고용
② 개인적 의사 결정
③ 개인 책임
④ 빠른 인사 고가(考課)와 승진
⑤ 명시적(明示的) 또는 공식적인 업무명령
⑥ 전문화 된 인사 배치
⑦ 상사와 부하와의 관계는 업무뿐이다.

J TYPE

① 종신 고용
② 전원 일치적 의사 결정
③ 집단 책임
④ 늦은 인사 고과와 승진
⑤ 비명시적(非明示的), 비공식의 업무명령
⑥ 비전문화 된 인사 배치
⑦ 상사와 부하와의 관계는 전인격적(全人格的)이다.

Z TYPE

① 장기 고용 $\frac{A+J}{2}$
② 전원 일치적 의사 결정(J)
③ 개인 책임(A)
④ 늦은 인사 고과와 승진(J)
⑤ 비명시적·비공식성(非公式性)이 가미된 명시적 또는 공식적 업무명령 $\frac{A+J}{2}$
⑥ 어느 정도 전문화된 인사 배치 $\frac{A+J}{2}$
⑦ 간부나 상사는 부하의 가족에 대하여 신경 쓴다(J)

※이상형(理想型)＝Z타입, 미국형＝A타입, 일본형＝J타입
〈스탠포오드 대학 비즈니스 스쿨의 연구보고서에서〉

"미국 스탠포오드 대학의 비지니스 스쿨(경영대학원)에는 일본식 경영을 미국 사회에서 활용하는 방법을 진지하게 연구하는 교수 그룹이 있다. 이 그룹은 기업조직의 이상적 타입으로 미국형(A타입이라고 한다)과 일본형(J타입이라고 한다)을 정밀하게 비교하고 제3의 타입인 Z형(또는 수정 A타입) 조직을 제창하였다. 물론 미국 기업에 대한 것이고 일본과는 관계가 없다. 그 내용을 쉽게 이해하기 위해 단순화 한 것이 표 14이다. 기업 조직의 특성인 7개 항목에 대하여 A타입과 J타입과를 각각 비교하고 쌍방의 장점만으로 구성한 것이 Z형 조직이라고 할 것이다"라고.

나도 서둘러 작년 3월부터 코스모스 크럽의 정례연구회에서 Z타입을 설명했고, 작년 7월의 제23회 후나이 원맨 세미나의 텍스트에 'A타입, J타입과 Z타입'을 이용하고 있다. 그리고 A. 토플러의 《제3의 물결》을 제22회 후나이 원맨 세미나의 메인 테마로써 선정하였다.

내가 취급한 뒤 1년쯤 지나, 이들 책이 번역 출판되어 베스트셀러가 되었는데, 당연히 있을 수 있는 일이다. 이것은 나의 육감이고 이것이 발달되어 있으므로 경영 컨설턴트업을 할 수 있다고 생각한다. 뒤에서 '힌트'에 대하여는 설명하겠지만 '제6감이 빠르다'는 것도 성공의 한가지 암시가 될 것이다. 나는 'Z이론'을 볼 때 나의 직관력에 대하여 스스로 믿음을 갖게 된다.

핵심은 '전체와 개인의 훌륭한 조화'

그런데 현재 《Z이론》은 미국에서도 베스트셀러가 되고 있다. 오오우치 교수가 말하는 Z타입의 회사, 예를 들면 제네랄 모터즈, IBM, NCR, 텍사스·인스투르먼트, 프로젝트·앤드·갬불 등의 특성은 종업원을 우대하고 공동체 의식을 양성하며 전체와 개인을 원만하게 융화시켜 업적을 올리는 것으로 보인다.

크게 발전하면 할수록 국가나 종교단체, 기업도 조직체에 의해 개개인의 총체적 활동량 이상으로 효과가 상승되고, 더구나 개인 능력이 긍정적으로 꽃피우며 인재가 배출되는 조직이 필요하게 되는데, 미국에서 Z타입 회사가 업적을 올리고 주목을 받는다는 것은 다음과 같은 암시를 우리에게 제공하는 것이다.

상식의 비상식화, 비상식의 상식화

그중 하나는 세계가 생성 발전하기 때문에 '상식은 얼마후 비상식화 되고, 비상식이 상식화 된다'는 것이다. 이것은 큰 힌트 라고 할 수 있다. 그러므로, 근대적 조직의 운영을 위하여는 절대 적으로 옳다고 믿어졌던 A타입의 상식이 허물어지고 있는 것이 다. 그러나 이것은 하나의 방향을 향해 발전하고 있는 것을 알 수 있다.

나의 전문인 유통문제에 있어서도 전술한 바와 같이 슈퍼이론 은 못쓰게 됐고, 유통혁명론이 통용되지 않는 것은 현재에 와서 상식이 됐으나, 그 대신 등장된 일등점포 이론이나 페어 쉐어 (공정한 배당) 이론이 20년 전에는 비상식적이었다.

그러나 지금은 그것이 상식이 되었다. 이것들은 표현하기 어렵 지만 확실히 한가지 방향으로 발전하고 있다. 그 한가지 방향을 제3장에서 플러스 벡터에 따라 기술하였는데, 그것은 '인간성' 과 맞는 방향, 또는 '보다 마크로의 선(善)을 향한다'고 표현할 수 있을 것이다.

Z타입도, 일등점포 이론도, 페어 쉐어 이론도, 개체(個體)의 발전 즉, 개인의 소득이나 교양의 향상과 함께 나타나는 모순을

해결하고 개체와 전체를 동시에 긍정하고 융화하며 발전시킬 수 있다는 것이므로 올바른 판단이다.

이같은 점에서 플러스 벡터의 방향은 우선 개인적인 발전이며, 그 다음에 개체와 전체의 긍정, 그리고 전체의 발전이라는 과정에서 판단하지 않으면 안된다는 것을 알 수 있다. 이것은 대단한 힌트다. 이와 동시에 '인간성' 보다 '마크로의 선(善)'이 최대의 연구 과제인 것도 성공을 위한 힌트로서 중요한 것이다.

과반수보다는 여론(콘센서스)

그리고 《Z이론》을 읽어보면 오우치 교수의 사고방식을 잘 이해할 수 있다. 그가 말하고 있는 바와 같이, 근대사회에서 조직체라는 것은 공동체 의식, 소위 신뢰감과 변화에 적응할 수 있는 능력이라는 상호 모순이 원활하게 구비되지 않으면 발전, 성공하지 못한다.

공동체 의식이란 옛날 일본의 '촌락 구조'가 가장 비슷한데, 그 결점은 성원된 사람들이 내부만 보기 때문에 변화에 약하다는 사실이다. 그래서 이같은 촌락 구조 집단이 변화에 강하려면 위대한 지도자거나 페어 쉐어적인 경쟁 조건을 보장하는 고도의 지적 수준 집단이 반드시 필요하게 된다.

위대한 지도자 조건이란 모든 사람이 믿을 수 있는 사고방식을 가지고 있으면서, 동시에 다른 사람과 달리 집단 밖을 볼 수 있고 변화에 적응하는 지도력도 가져야 된다는 것이다. 다음이 지적 집단인데, 이것에 대하여는 설명이 불필요할 것이다.

여기에서 '성공의 힌트'를 3가지 정도 추출할 수 있다. 그것은 모순을 내포하면서 발전하기 위한 '포용성이 최고'라는 사고방식과 '조화적인 안정(安定) 상태'의 필요성이며, 조직체가 확립될 때 까지의 위대한 지도자의 필요성, 또는 고도의 지적 집단화라고 하는 방향 설정 등이다. 더구나 일본인에게는 지적 집단에의 설명이 불필요하다는 것도 큰 힌트라고 할 수 있다.

예컨데, 일본인은 변화에 대응하기 위해 콘센서스(의견 일치)로 움직인다. 이와는 달리 미국식 민주주의는 메저리티에 따르는 것이 정당한 것으로 되어 있다. 컨센서스와 메저리티(과반수)는 근본적으로 다른 것이다.

콘센서스에 따르려면, 리더를 중심으로 하여 고도 수준의 지적 집단이 필요하게 되고, 일본에서는 중지결집(衆知結集) 시스템이나 콘센서스를 조성하기 위한 예비적인 포석 시스템이 발달되어 있다. 그러므로 이 책의 독자들처럼 높은 수준인 사람들은 나의 의도를 쉽게 이해할 것이다.

물론, '인간성'이나 '보다 마크로의 선(善)'이란 사상에서 본다면, 메져리티 보다는 콘센서스로 움직이는 것이 옳다는 것은 말할 것도 없다. 다음의 표 15는 나의 회사=일본 마케팅센터, 경영진단 시스템의 체계를 도표화한 것이지만, 진실한 목적은 콘센서스 구성이다.

경영 진단이 끝난 뒤, 보고하는 단계에서는 사장 이하 모든 사원이 '좋습니다. 이 방향과 계획대로 추진합시다'라고 충분히 납득되어야 한다. 이것이 일본식이며, 조사나 진단에서 일방적 결론을 만들고 그것만을 권고하는 방법으로는, 일본에서 경영 컨설턴트로 성공하기 어렵다. 여기에서 우리는 '메져리티 보다는 콘센서스'라는 한가지 힌트를 이해할 수 있다. 일본에서의 매니지먼트는 모두가 이런 식이 아니면 성공이 어려운데, 《Z이론》으로 미국이 지금 일본을 추월하고는 있으나 인간성을 떠나서는 해결이 어렵기 때문에, '인간성'이 성공을 위한 최대 연구 과제임을 알 수 있다.

〈표15〉 경영진단에서 경영기획에 이르는 체계도(體系圖)

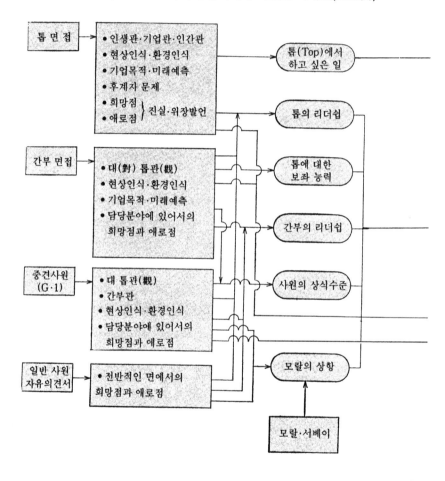

※NMC(일본마케팅센터)의 진단 체계표이다

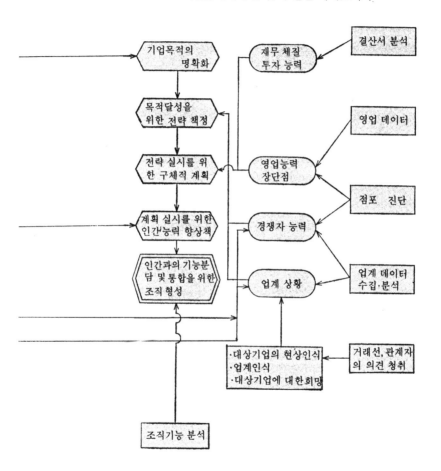

일본식 경영법이 타국에서도 가능한가?

인간성이라고 하면, 일본인이나 미국인 또는 다른 나라 사람에게도 해당되는 말이다.

'와코르'의 쓰카모도 사장이나 소니의 사카다 회장은 '세계에서도 일본식 경영법이 가능하다'고 말하고 있는데 이해가 되며 조건만 구비되면 '인간성'이라는 점에서 볼 때, 충분히 가능하다고 생각된다.

일본인들은 일본식 경영의 특색을 종신 고용제, 연공(年功) 임금제, 연공 승진제이고 이것이 일본의 특수성에 의한 것으로 생각하는데, 보다 거시적(巨視的)인 관점에서 인간으로서의 일본인을 보면 외국인과 거의 다름이 없는 경우가 많다.

이제 말한 종신 고용, 연공 임금의 승급제도 밑에서 근무하고 있는 고용노동자는 관공서나 종업원 1천명 이상의 대기업에 근무하고 있는 사람들이고, 전체적으로 30％에 못미친다. 일본의 산업구조에는 소위 이중 구조 또는 복합 구조가 존재하고 있고, 그 하부 구조는 역사적인 흐름에 의해 성립되었는데, 서구사회와 직업이동률에서는 거의 다름이 없는 것이다.

생산성과 노동조합 조직율도, 급여에 있어서도 종업원 100명 이하의 직장은 분명히 대기업보다 열세에 있다. 그리고 이점에서 다음과 같은 힌트를 생각할 수 있는 것이다.

일본이나 미국도 별로 변하지 않는 부분이 있다. 더구나 일본에서도 종신고용과 연공(年功) 임금제가 확립되지 않고 있는 소기업의 경영 성과는 매우 낮다. 결국 A타입보다는 J타입이 결과적으로 일본과 미국에서 똑같이 우수한 것 같다……고 생각해도 별로 틀리지 않는 것 같다.

일본 경영을 충분히 잘 알고 있는 경영 컨설턴트인 토마스. J. 네빈스씨(테크롤로지 매니지먼트 트란스휘의 사장)는 '선진 공업국에서는 노동자의 교육 수준이 매년 높아지고 자의식(自意識)이 보다 강화되고 있다. 그러므로 상부에서의 지시나 강한 지배를 받기 싫어하게 된다. 그리고 단순한 경제적 보수에는 별로 반응이 없게 되고 직업에의 만족도, 인간의 존엄성에 대한 대우, 자주성, 참여도 등이 중요하게 된다. 현재 일본식 경영이라고 하는 것은 이점에 있어서 매우 우수하다'라고 말한다.

생각해 보면 일본만큼 평등하고, 능력자가 출신이나 타고난 천성(天性)과 관계없이 입신 출세하는 나라도 없다.

2차대전 후, 특히 일본은 세계 제1의 실질적인 공산국이 되었다. 미국에서는 신입사원과 사장의 실질 임금차가 50배에서 100배가 되는데, 일본에서는 5~10배에 불과하다. 의식뿐이 아니고 수입이나 기회에 있어서도 전 국민은 중산층 계급이 되고 말았다. 이것이 바로 '페어 쉐어'라는 것이 나의 주장인데, 이 일본에서 생긴 일본식 경영의 장점은 이중구조의 하부에서도 노력에 따라 상부로 올라가는 유동성(流動性)과 상부 기구 안에서도 안정성을 만들고 여기에 페어 쉐어의 원리가 작용하여 《Z이론》을 베스트셀러로 만들었다고 할 것이다.

미국과는 달리 노력에 따라 어느 누구나가 매우 쉽게 일본적 경영의 장점에 빠지는 것이 일본의 특성이고, 일본인이 감사하여야 할 점일 것이다.

2. CI와 컨셉트

효과가 없어진 마법의 지팡이

최근 마케팅과 관계되는 사람들 회합에서 'CI가 효과없게 되었다'거나 '컨셉트를 대신할 것이 없을까'와 같은 이야기를 자주 듣게 되었다.

CI라는 것은 커퍼레이트 아이덴티티(corporate Identity)란 뜻인데, 현재 많은 기업에서 발전되고 있다. CI는 구체적으로 기업의 건물·제품·광고·봉투 등 여러가지 표현 매체물에 시각적 또는 음성적(音聲的)인 통일성을 갖게 함으로써 기업 이미지를 확립하려고 하는 것이다. 기업체 등 자기 회사의 이미지를 확신시키고 주장하기 위하여 심볼 마크, 로고 타입, 커퍼레이트 칼라, 유니폼 등을 통일시켜 효과를 올리려는 것으로 10여년 전부터 유행됐으나 최근 급속도로 그 효과에 의문이 생기기 시작했다.

컨셉트도 번역하면 개념(槪念)인데, 주체성이나 주장을 확립하기 위하여는 확실한 '개념'을 정하고, 그것을 표출시키려고 하는 하나의 마케팅 기법이다.

예를 들면, 하나의 상품을 만들 경우 그 상품의 목적·대상·판매 방법 등을 확립시키기 위해 우선 컨셉트를 확립하려고 하게 된다. 그것은 주장을 확실히 하자……라고 하는 하나의 운동이라고 생각하면 된다. 이 컨셉트 만들기도 수년전부터 많은 기업체 등에서 채용됐으나 최근에는 실용성이 없어졌고 일부 이외에서는 전혀 효과가 없게 되었다. 어느 대형 광고기업체의 간부는

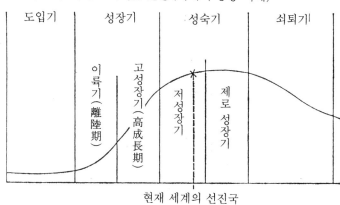

〈표16〉라이프 사이클 발상〈세계의 공통 이해〉

| 도입기 | 성장기 | 성숙기 | 쇠퇴기 |

이륙기(離陸期)
고성장기(高成長期)
저성장기
제로성장기

현재 세계의 선진국

'광고 효과가 사회의 성숙화(成熟化)와 함께 저하됐으므로 우리들이 고안한 마법(魔法)의 지팡이에 해당되는 것이 컨셉트이고 CI였다. 그러나 최근에는 컨셉트도 CI도 거의 효과가 없어지고 있다. 그 이유를 밝히고, 동시에 새로운 기법의 개발에 우리는 필사적으로 노력하고 있다'라고 말하고 있는데, 이것은 무엇을 의미하고 있는 것일까?

이해하기 쉬운 '라이프 사이클 발상'

'라이프 사이클 발상(發想)'을 가지고 모든 문제를 생각하면 여러가지를 이해하기 쉽다고 한다. 이 사고방식은 생물에 있어서 보편적 변화의 패턴, 즉 생명의 탄생·성장·성숙·노화(쇠퇴), 그리고 죽음이라는 사이클을 사회와 비교하는 것인데, 현대를 성숙기(成熟期) 사회라고 보는 것이다.

이 단어는 런던 대학의 유명한 교수였던 노벨물리학 수상자 테니스·카볼의 저서명인데, 현재는 세계 선진국의 공통적인

142

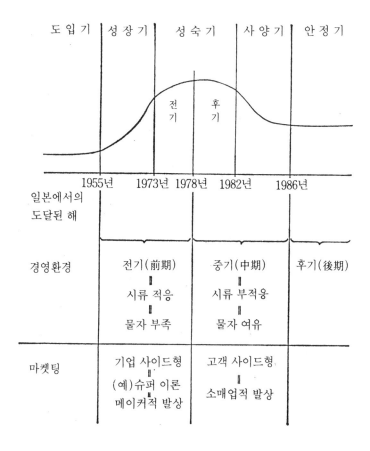

〈표17〉 소비재 업계의 마크로적 라이프 사이클표

〈표18〉 라이프 사이클＝경영환경의 변화와 중점추구 수익의 관련

		전기 경영환경	중기 경영환경	후기 경영환경
추구하는 수익	영업 수익	△	○	○
	인플레 수익	○	○	△
	자본 수익	△	○	△
	관리 수익	○	△	×

도입기 ｜ 성장기 ｜ 성숙기 ｜ 사양기 ｜ 안정기

(전기) (후기)

○＝중점적으로 추구하여야 될 수익(收益)
△＝너무 중점적으로 추구하지 않아도 되는 것
×＝추구가 불가능하게 되는 것

유행어가 되었다.

예를들어, 현대 세계에 대한 공통적인 이해를 라이프사이클과 비교시켜 그림으로 표현하면 표 16과 같이 된다. 즉, 현재의 선진국은 성숙사회의 전기(前期) 종반에 있는 것이 된다.

이 발상을 모든 것에 활용하는데는 문제가 있다. 그렇지만 잘 활용하면 매우 편리하므로 나는 일본의 소비재(消費財) 업계를 둘러싸고 있는 시류(時流)를 표 17과 같이 만들어 보았다. 여기에서 알 수 있는 바와 같이 현재 일본의 소비재 업계는 마크로적으로 보면 사양기(斜陽期)에 접어들고 있고, 앞으로 수년 안에 안정기에 도달된다고 생각된다. 물론 몇가지 상품은 아직 성장기인 것도 있고 이제 안정기에 접어든 것도 있다. 여러가지

<표19> 라이프 사이클과 매상고 신장의 핵심

라이프 사이클	매 상 고 신 장
성 장 기	철저히 노력하면 거기에 비례하여 신장한다. 철저히 노력하지 않아도 상당히 신장한다. 엉망진창이라도 좋다. 노력할 것.
성숙기 전기 (컨셉트 출현)	두뇌가 빠르고, 차별화와 민활한 행동에서는 성장이 계속된다. 이때 주체성(主體性)이 중요하다. 그러나 평범한 노력으로는 발전이 답보상태다.
성숙기 후기 (컨셉트, CI 출현)	보통 노력으로는 성적이 내려간다. 노력과 의욕 이외에도 성장하려면 통일성, 총합성, 빠른 행동, 신념 등이 필요하다.
사 양 기	톱이 되어야만 성장된다. 무조건 1등이어야 한다. 톱 이외에는 컨셉트나 CI도 효과가 없다.
안 정 기	참으로 1등만이 존재한다. 따라서 실질적인 최고가 가장 중요하다.

상품 중에서도 현재 의류제품은 사양기에 있다고 할 수 있다.

이같은 사정과 경영 환경과의 관계나 마케팅과의 관련은 표 17에서 요점이 설명되어 있으므로 참고하기 바라며, 이같은 라이프 사이클 발상을 갖게 되면, 여러가지가 체계적으로 더구나 시계열적(時系列的)으로 정리된다. 그중 하나에는 경영환경과 중점적으로 추구하여야 될 메릿(merit)과의 관계가 있다.

일반적으로 자본주의 사회에서의 기업경영자는 경영을 통해 영업 수익, 인플레 수익, 자본 수익, 관리 수익을 추구하게 되는데, 이것을 중점적으로 설명하면 표 18과 같이 된다.

해답은 사양기에 기울었다는 사실이다

본론에 돌아가서 컨셉트나 CI, 라이프 사이클과의 관계를 보면 표 19와 같은 관련성을 이해할 수 있다. 컨셉트를 구성하는 '노하우'가 성숙기 전기(前期)에 나타난다는 것도 이 표 19에서 분명히 알 수 있고, 현재의 의류품이나 식품처럼 사양기에 들어가면 컨셉트나 CI가 효과를 발휘하지 못하는 것도 알 수 있다. 다만, 일류 기업이나 점포와 상품 등의 컨셉트 및 CI는 역시 아직도 큰 효과를 나타내고 있고 앞으로도 전망이 있을 것이다.

그 이유는, 라이프 사이클이 진행했을 때, 옛날의 '노하우'가 살 수 있는 것은 일류뿐이기 때문이다. 예를들면, 소비재 업계가 현재는 심한 경쟁에 의해 소매업적인 발상에 의한 마케팅시대(표17)에 있고, 고객 위주를 뭣보다도 필요로 하지만, 메이커뿐이 아닌 소매업도 일류점이면 메이커적인 발상의 마케팅으로 충분히 효과를 올리는 것을 알 수 있다.

이와 동시에, 사양기에 들어가면 1류만이 주체성을 발휘할 수 있으므로 2등 이하의 상품이나 기업, 점포가 컨셉트나 CI를 강화시켜 스스로가 주체성을 주장해도 효과를 기대할 수 없는 것이다.

잘 살려면 일류가 되라

이제까지의 설명에서 성공에의 많은 힌트를 얻을 수 있다.

① 라이프 사이클이 있다는 것을 어디까지나 부정할 수 없다면, 이 세상이란 것은 일류가 되지 않으면 안된다. 만일 되지 못할 때는 일류에 의지하거나 기생하는 방법 밖에 없다.

② 이제부터는 전문가의 시대, 실력의 시대이므로 진실이 동반되지 못한 이미지, 허황된 꿈에의 추구는 일시적일 뿐 결과가 자명하다

③ 생성 발전하는 핵심은 사이클의 반복과 편성에 의한 순환성

(循環性)이지, 일직선은 아닌듯 하다.

④ 첫째는 보수적(保守的)인 노하우, 추구적(追求的)인 전략을 세워야 한다. 그러나 일류가 못된 경우는 끊임없이 선취형(先取型)이어야 된다. 그러므로 일류가 아닌 2등 이하인 경우=소위 약자는 라이프 사이클적으로 성장기를 향해 참여하는 것이 미래를 위해서도 가장 올바른 방법이다.

몇가지 힌트라고 생각되는 바를 설명하였다. 완벽하게 체계화된 것은 아니나 이상의 힌트가 성공을 위해 필요한 무기가 된다는 것만은 나의 직감으로도 확실한 것이다.

3. 성공인의 성장 프로세스

초창기부터 다르고, 전기(轉機)와 찬스가 있었다

나의 주위에는 사업에 성공한 많은 사람이 있는데, 잘 살펴보면 앞에서 말한 체계적인 분석 이외에도 여러가지 특성이 있음을 알 수 있다.

그중 하나에 행동 양식의 단계적 변화가 있다. 말하자면 성장 프로세스라고 할 수 있다. 이것이 모든 성공인에게 100% 공통되는 것은 아니지만 대부분에게 해당된다고 생각한다.

우선 제1기, 라이프 사이클적으로 말하면 도입기(導入期)인 사람, 병아리 성공인은 다른 점이 있다. 뻔뻔스러우며 적극적이면서도 당당하고 여유가 있다. 자기 주장형이거나 태연자약형(泰然自若型)이다. 객관적으로 보면 그는 허풍장이형이거나 계획형으로 보인다.

그 다음에, 제2기 소위 성장기에 들어서면 허풍선 스타일이나 계획형도 오로지 무작정으로 뛰기 시작하는 것이다. 이 제1기에서 제2기로 넘어가는 시기에는 제3자의 도움이나 예기치 못한 협조에 의한 경우가 많으나, 일단 기회를 잡아서 제2기에 들어간 다음에는 이 두가지 타입 모두가 맹렬하게 분발을 계속하게 된다.

예를 들어보자. 현재는 서부 일본에서 최대의 다방 체인을 경영하게 된 미쓰와(三和)실업의 마쓰모토(松本孝) 사장은 대학 졸업후 근무하던 '일본 빅터'가 마쓰모토 덴끼(松本展器)로 흡수되자, 탈(脫) 셀러리맨 작전을 무조건 감행, 노력 끝에 오늘날 성공인이 됐으나 그의 전기(轉機)는 빅터 퇴직 후, 미국에 가서 외식(外食) 산업을 공부한 것과 아직은 젊었고 신용과 자산은 없으나 그의 적극성에 미쓰와(三和) 은행이 융자해 준 점에 있었다.

제1기의 미래지향적인 자세＝미국에서의 유학과 다른 금융기관에서는 무관심했으나 쾌히 융자해 준 미쓰와(三和)은행 어느 지점장의 후원에 대한 감사와 감동이 제2기에 그를 맹렬하게 뛰도록 만든 것인데, 이같은 전기와 찬스는 어느 성공인에게도 반드시 있었던 것이 사실이다.

히로시마(廣島)에서 자동차 용품의 도매와 소매업을 경영, 현재 급성장과 함께 장래가 촉망되고 있는 '몬테칼로'의 모리타(森田浩一) 사장도 성공하겠다는 의욕과 노력만으로 여러가지 시련을 경험한 분인데, 계획적으로 계산기의 세일즈맨으로 처음에 130만엔의 자금을 저축하고, 자기가 가장 좋아하는 자동차 관련 사업에 뛰어들었다.

객관적으로 보면, 전기(轉機)가 된 것은 실패를 반복하면서도 그 이유를 깨달은 것, 그리고 찬스는 어느 자동차 용품 체인점의 프랜차이즈(franchise : 독점판매권) 대리점을 운영하게 됐다는 점이다.

또 한가지 예를 들자.

52세 때, 1970년 쿠마모토(熊本)에서 불과 271,375엔의 자본금으로 식목점(植木店)을 시작하여 10년 만에 현재는 큐슈(九州) 제일의 그린 비지니스 판매점을 만든 '푸른 유통센터 세이코'의 이와시타(岩下巧) 사장은 사우나탕의 실패가 직업을 바꾼 전기가 되었다. 찬스는 현금이 27만엔 밖에 없었으나 묘목(苗木) 10만 본(本)이 자본으로 남아 있었고, 가족들 모두가 식목업에 종사할 것을 맹세한 단결된 분위기로 나에게는 짐작된다.

어쨌던 내가 존경하는 이들 3명의 성공이 제2기, 소위 성장기에는 새벽에 샛별을 보고 밤에는 별을 보면서 열심히 분발한 결과인데, 이들뿐이 아니라 성공하는 사람, 성공인의 제2기 특징은 무조건적인 노력과 확대지향형(擴大志向型)이라 할 수 있다.

이때에는 뭣보다도 자기 능력에의 도전이고 자기를 위해서라는 자기 중심적 목적이 자연스럽게 표출된다.

성장, 발전은 '강한 의욕과 승부욕, 동정심'이다

이와 같이, 분발을 계속하여 어떤 단계=객관적으로 자기가 주목받는 스케일(정도)에 도달하면 소위 제3기에 진입한다. 성장기에서 성숙기의 전기(前期)에 들어갔다고 할 수도 있는데, 이때 동업자나 종업원에의 관심이 생기는 것이다. 이때 바뀌지는 전기(轉機)는, 종업원이 그만두거나 경쟁 업체로부터 발목을 잡히고 비난을 받게 되는 경우가 많은데, 스스로가 자기를 반성하므로서 스스로의 생활태도에 다소 수정을 하려고 하게 된다. 이때, 이들이 기업 경영자라면 회사의 모토(motto)가 '강한 의욕과 승부욕, 동정심'과 같은 것일 경우가 많다. 말하자면 '동정심'이 첨가되는 것이다.

성장의 속도는 다소 늦어지지만 그래도 착실하게 발전을 계속하게 된다. 그런데, 여기에서도 실패하는 경우가 많아진다. 이상하게도 허영심이 발동하고, 체면치레나 사치에 눈뜨게 되면 대부분 망하게 된다.

이때쯤 되면, 젊은 사람에게는 청년회의소에서 회원가입 권유가 있거나, 중년이면 라이온즈 클럽이나 로타리 클럽에서 참여 권유를 받게 된다. 그 자체가 결코 나쁜 것은 아니나, 호화스런 파티나 모임이 그동안의 자기 환경과 차이가 생기면서 유혹에 빠지기 쉬워진다. 이때, CI(기업 이미지 통합)나 컨셉트가 어떻습니까 등의 이야기가 기업인끼리의 대화에서 튀어나온다.

이 시기에 실패하는 사람은 한마디로 말해서 제2기때의 고생을 잃어버리고 '나는 훌륭하게 성공했다'고 자만하는 사람들이다. 호사다마(好事多魔)로서 주의하여야 된다. 그러나 열심히 연구를 계속하고 강한 의욕과 승부욕과 함께 동정심을 가지고 분발하는 사람들은 프로 레벨에서 성공자 레벨로 비약을 시작하는 것이다.

추진력에 가속도가 붙는다

제4기, 이것은 성숙기(후기)에서 사양기(斜陽期)로 넘어가는 시기인데, 성공인이나 성공할 수 있는 사람의 특성은 한편으로 인격자가 되고, 또 한편으로는 철저하게 경쟁에서 승리할 수 있는 대책을 강구하게 된다. 그 결과 어렵지 않게 최고의 위치를 갖게 된다. 상품도, 기업 규모나 재능에 있어서도 일류가 되는 것이다. 제4기에 도달될 수 있는 사람은 제3기에 들어가서도 전혀 노력하는 열성이 감소되지 않는다. 그뿐만이 아니고 거울을 닦아야 깨끗하듯이 모범적인 스승과 우수한 친구들이 증가되면서 그들의 장점을 수용하게 된다.

훌륭한 사람을 많이 알게 되면, 매사에 자신을 가진 사람도 겸손하게 되고, 자만심이 없어지며 타인에 대한 험담이나 비판도 감소된다. 몸치장이나 사치에 대하여도 점차 무관심해진다.

그러나 뭣보다도 중요한 변화는 타인에게 부담을 주는 것을 중지하게 되고 다른 사람의 불행을 좋아하지 않게 된다는 것이다. 이같은 점에서 인간의 본성은 착한 것이 아닌가 하고 생각하게 된다. 그리고 얼마 후에는 성공자 레벨에 오르게 되고, 제4기로 옮겨 가게 되는 것이다.

제4기의 사람들은 우선 양성적(陽性的)이라고 할 수 있다. 다른 사람에 대한 험담이나 비판이 결코 없고 뒷처리를 깨끗이 하며 약속도 철저히 지킨다. 인격적으로 완벽해지기 시작하고 부하로부터 존경을 받으며 한번 만난 사람들을 전부 지지자로 만들게 된다. 이렇게 되면 그 당시의 시대적 흐름이 사양기라해도 그 사람이나 그가 경영하는 기업은 발전을 계속하므로 전혀 위험하지 않다.

경쟁에 대하여는 이때부터 별로 좋아하지 않게 되므로 경합(競合)에 대한 대책을 중요시하게 되고 최고 일류 경영자가 되려는 의욕이 강해진다. 동시에 선견성(先見性)이 나타난다. 이것은 마크로적(거시적)인 발상이 몸에 배어있다는 증거이고, 한편으로는 사소한 문제에 대해서도 매우 민감하게 대처할 수 있게 된다.

나는 이 제4기에 도달한 사람은 성공인의 자리를 충분히 유지할 수 있는 사람이라고 생각하고 있고, 완전히 성공자 레벨에 올라 있다고 판단하고 있다. 그리고 대부분 이 사람들은 체질적

으로 진실하게 되고 보다 인간적으로 완성되는 경지에 도달된다
고 생각하는 것이다. 인간의 능력에 가속도가 붙으면 제4기에
들어섰다고 할 수 있다.

인생이란 단계적으로 성취된다

이제까지 나는 직접 보고 들어 알고 있는 성공인의 발자취와
성공인의 발전 과정을 기술하여 왔다. 여기에서 알 수 있는 것은
점진적인 발전 이외에 일확천금같은 것은 없다는 사실이다. 인간
이란 것은 등산할 때와 같이 일보일보 착실하게 올라가지 않으면
안된다. 영광은 한발짝 한발짝 속에 있다는 등산의 원칙은 인생
행로에서도 마찬가지인 것이다.

그리고 어느 정도 능력이 있고, 여유가 없으면 남에게 베풀
수 있는 사랑의 표시도 불가능한 것을 알 수 있다. 인격이란,
자기 개인보다도 이 세상이나 타인에게 더 봉사하는 사람들만이
더욱 높다는 것을 잘 알면서도, 여유나 능력이 없을 때, 인간은
자기가 더 중요하고 다른 사람의 문제를 자기 이상으로 생각하시
못하는 것이 일반적인 것 같다.

후계자 양성도 단계적, 순서적으로

이같은 성공인의 발전 과정을 관찰해 보면, 인재 양성법이나
후계자 양성법의 해답도 여기에 있다고 생각된다. 얼마전 화제가
됐던 《저페니스 매니지먼트》의 저자 R·T·파스칼(미국 스텐포
드대학 교수)은 '미국에서는 MBA(경영학사)를 즉시 간부로
등용하니까 문제가 된다. 우선 일본처럼 간부가 될 수 있는 후보
생일지라도 말단 사원으로 채용하고 단계적으로 구체적 경험을

쌓아 '스텝 바이 스텝(step by step)'으로 진급되지 않으면 결과적으로 본인뿐만 아니라 주위 사람에게도 불행하다'고 말하고 있는데, 이것은 올바른 해답인 것 같다. 우리들은 이론적으로는 아무리 잘 알고 있어도 불가능한 것이 자전거나 수영인 것을 경험으로 알게 된다.

그리고, 실패한 사장이나 미경험의 간부가 주위 사람들로부터 신뢰를 얻지 못하고, 능력과 관계없이 자격증만으로 직책을 주면 조직력이 전혀 발휘될 수 없다는 것도 누구나 잘 알고 있다.

파스칼 교수는 미국이 이제야 반성하기 시작하고 있다고 다음과 같이 말하고 있다.

"일본에는 심리적인 갈등이 없는 안정된 사회, 활기에 넘친 경쟁과 개인 능력이 공정하게 평가되고 발전할 기회가 많은 사회가 있다. 그것은 일본인의 사고방식, 인간을 개인이면서도 인간관계의 산물로서 보는 사고방식의 성과로 생각된다. 인간관계를 무시하고 항상 개인의 이익만을 추구하는 사고방식, 개인주의적 생각은 100년 전에는 탁월한 사회원리였는지는 모르나 시대적으로 뒤떨어졌고, 현대에서는 오히려 방해가 되어 가고 있다"라고.

파스칼 교수의 주장과 같이, 인재나 후계자의 양성법도 아래에서 단계적으로, 인간관계를 중요시하면서 능력을 착실하게 배양하는 것이 가장 바람직하다. 더구나 인간이란 다소간의 저항은 있어도 좋던 싫던 상대편의 능력을 인정하는 동물이다. 능력을 배양하고 설득시켜 서서히 진급하는 것이 인재 양성, 후계자 양성의 바람직한 방법이고 그 점에서 이제까지 설명한 제1기부터 제4기까지의 성공인 발전과정은 참고가 될 것이며, 훌륭한 성공 힌트가 될 것이다.

중요한 것은 회피하지 않는 것

성공인의 발전 프로세스에는 제1기 부터 제4기가 있다는 것을 라이프 사이클적인 입장에서 설명하였는데, 이 과정을 통해 중요한 것은 '회피하지 않는다'는 것을 언제 깨닫는가 하는 것이다.

인간에게는 얄팍한 지혜가 있는 만큼 싫은 것, 어려운 일을 당하면 피하려고 한다. 그러나 회피하는 습관이 계속되면, 성공은 불확실하다. 그 이유는 인생이란 것이 쇽크(도망하고 싶다는 감정)를 초월하여 비로소 개발되고 다음 단계로 발전되는 것이기 때문이다. 이런 의미에서, 죽을 고비를 넘기지 않을 수 없는 것과 같은 고통을 일찍 경험할수록 성장에의 프로세스는 순조롭게 진행된다고 할 수 있다. 어쨌던 성공하려면 도피하지 않는다는 것을 습관적으로 터득하지 않으면 불가능하다는 것과 이것이 매우 중요하다는 것을 부디 힌트로서 이해하기 바란다.

4. 도쿄 상법은 성장기 상법이므로 시골에서는 통하지 않는다

매력있는 거리＝도쿄(東京)

'니케이(日經) 비즈니스'의 조사(1981. 9. 21일자)에 의하면 현재 일본에서 성공한 유명한 경영자 중에는 간세이(關西) 출신이 많다고 한다. 마쓰시타(松下幸之助)나 나카우찌(中內功),

또는 사찌(佐治敬三)씨 등이 앙케이트 조사의 결과와 함께 재미 있게 분석되고 있다. 그래서 간세이(關西) 출신으로서 도쿄와 오오사카에서 활약중인 경영자를 우선 비교하게 된다.

　나도 오오사카 출신이니까 간세이(關西)에 속한다. 대학은 교오토에서 졸업했고 현재 거주지는 효오고(兵庫)현의 다카라쓰 가시, 회사의 본사 사무실은 오오사카시 중심부에 있다. 그리고 1개월 중 최소한 1주일 정도는 도쿄에서 생활하고 있다. 그래서 좋든 싫든 도쿄와 오오사카를 비교하지 않을 수 없다. 그리고 나도 모르게 편들게 되는데, 오오사카 출신에게 관심이 가는 경우가 많고, 도쿄인을 피상적으로 보기 쉽다.

　오오사카 출신인 사카이야(堺屋太一)씨는《군화(群化)의 구 도》란 저서에서 오오사카의 새로운 비약을 예언하고 있고, 전에 도 나라(奈良) 출신인 히구치(樋口清之)씨와 만났을 때, 다음과 같은 이야기가 있었다.

　"도쿄는 매력적인 도시지요. 아버지는 시골 출신이지만 도쿄에 서 탄생한 사람들은 모두가 자기는 도쿄 출신이라고 당당하게 말합니다. 그뿐만이 아니고 치바(千葉)현이나 사키다마(埼玉) 현에 살고 있는 사람들도 '도쿄에 살고 있다'고 말하는 경향이 많지요. 그런데, 관세이(關西)인들은 어떻습니까. 10대(代) 전부 터 오오사카에 살던 사람들도 '나는 오오사카 출신이다'라고 말하는 사람이 없고 출신지를 묻게 되면, '옛날에 도꾸지마(德 島)에서 왔던 모양입니다'라고 대답하지요. 이것은 서로가 간세 이(關西)인으로서 신경을 써야 될 부분이겠지요. 간세이 지방에 살고 있는 사람들은 더욱 간세이 지방에 관심을 갖는 것이 바람 직합니다"라고.

　나는 포용성의 발상을 가지고 있으므로 이같은 비교 발상은 별로 좋아하지 않는데, 나도 어느 정도는 간세이(關西)인적 특성이 있는 것 같다. 그 증거로 소위 도쿄인과 간세이인라고 말하고 있는 사람 사이에는 큰 차이가 있는 것을 느낄 수 있기 때문이다.

한 사람의 간세이인으로서 도쿄인을 보면 '부러울 정도로 단순하면서도 거만한 인종'처럼 보이고, 겉보기만 미끈한지 모르나 자신력과 활력이 넘치고 있는 것은 탁월하다고 생각한다. 그리고 나는 성격상 이같은 동경인들을 매우 좋아하면서도 다소의 저항감이 없지는 않다.

2차 대전후 창업자의 90%는 관서(關西) 출신

그런데, 도쿄에서는 새로운 제품이 별로 출고되지 않는다고 한다. 또 새로 시작하는 영업도 별로 없다고 한다. 2차 대전후, 일본에서는 많은 여러가지 신사업이 번창했다. 시카이야(堺屋太一)씨의 설명에 의하면 그 업종이 40개 정도된다고 하는데(표 20 참조), 그 대부분이 오오사카와 그 주변, 소위 간세이(關西) 지방에서 창업된 것으로 도쿄에서는 씽크·댕크, 보올링, 프로레스 흥업, 활부 판매와 경비 보장(保障業) 뿐이라는 것이 된다.

이것은 나의 전문분야인 경영과도 관계되는 것으로, 도쿄에서는 전국적으로 통용되는 새로운 경영법이나 장사 방법(상법)이 개발되기 힘들다. 쉽게 말해서 동경식(東京式) 상법이 지방에서는 일시적으로 밖에 적용되지 못하는 것이다. 그 이유로, 동경에는 인구가 많고 시내에 자체적으로 흡인력=고객 집중력이 있으므로 매우 전문적이거나 비상식적인 것도 장사가 가능하지만, 지방에서는 이와 반대 현상이므로 종합적이거나 상식적인 것 이외에는 장사가 되지 않기 때문이다.

그런데 같은 대도시라 하더라도 오오사카에서 시작된 장사는

〈표20〉 1950대후 나타난 새로운 산업·업소의 지역별 직업

동경에서 성장한 업종	·싱크탱크 ·보울링 ·프로레스 흥업(興業) ·할부판매 ·경비(警備)보장
관서(關西) 지방에서 성장된 업종	·슈퍼 마켓 ·컬비니언스 스토아 ·비즈니스 호텔 ·유선 방송 ·생활협동조합 ·상조회(相助會) ·컴퓨터 기술 서비스 ·중소기업의 컨설턴트 ·샐러리맨 금융 ·프레하프 주택 ·인스턴트 라면 ·블랜드 체인 음식점 ·가라오케 · 사우나탕 · 터키탕 · 아르바이트 살롱 ·원맨 버즈(독탕) ·9인승 미니버스 택시 ·팻션성·스포츠 웨어 · 도시락 초밥 체인 ·지하 상점가
중경(中京)지구 및 기타	·빠징코 ·드링크제(劑)

※불확실한 발생 업소, 또는 각 지방 동시 발생적인 것, 인허가 제도에 의해 발생이 규제된 것은 제외함.

전국에서 통용된다. 사카이야씨의 주장대로 말한다면 슈퍼 · 터키탕 · 봉급자 상대 금융업 · 원맨카 · 자동개찰기 등이 바람직한데, 오오사카에서 시작된 이같은 장사의 근거인 오오사카 상법이나 간세이의 장사 방법 자체가 전국 어디서나 통용되고 현재 좋은 성적을 올리고 있다.

핵심은 상식적 · 원칙적 · 인간적

대도시 상법이면서 간세이(關西) 상법이 어떤 이유로 지방에서 성과를 올리느냐 하면, 그것이 매우 상식적이고 원칙적이며, 인간적이기 때문인 것이다.

이것을 설명하면, 상법이란 것은 경제적이어야 되고, 또 합리

적이어야 된다. 또 한편으로는 인간성에 따르는 것이므로, 자유·평등·풍요를 목적으로 하지 않으면 장기간 인기를 지속하기 어렵다. 슈퍼, 컴비니언스 스토어, 비니지스 호텔, 생활협동조합, 상조합(相助合), 프리패브(조립식)주택 등 구체적인 예를 생각해 보면 여기에는 경제성·합리성·인간성이 알맞게 구비되어 있다.

상법의 원칙과 상식이 인간성과 혼연일체를 이루고 있다. 정치권력과 결탁하지 않고, 자유로운 인간성에 따라 과욕이나 허영에 들뜨지 않으면서 투기와 같은 것에 무관심하고 성실하게 산다는 사상이 거기에 잠재되어 있다.

예를들면, 간사이(關西)의 대표적 기업가인 마쓰시타(松下幸之助)씨는 '일본에서는 토지가 한정되어 있고 부족하다. 따라서 땅이 인플레 효과를 만드는 것은 사실이지만, 국민 모두의 것이므로 땅 투기로 이득을 얻으려는 것은 바람직하지 않다. 자기가 살고 사업을 유지하기 위해 최소로 필요한 토지는 부득이한 것이지만, 불필요한 토지를 자금의 여력이 있다고 해서 사두는 것은 부도덕하다'는 사고방식이고, 간사이 사람인 사카이야(堺屋太一)씨도 '선(善)이란 것은 어느정도 여유가 있는 것을 활용하는 것이고, 부족하면 가급적 사용하지 않는 것이다'라고 말하고 있다. 이 두가지는 다소간 취향이 다른 내용이지만, 간사이 사람들의 대표적 발상이라고도 할 수 있을 것이다.

창업자는 간세이(關西) 상인적인 발상이 많다

간토오(關東) 지방에서 장사를 해도 창업으로 성공한 사람중에는 간세이 사업가적인 발상이 매우 많다. 가와코에(川越)에 본점이 있는 대형 지방백화점 마루요코(丸廣)의 오오구보(大久

保竹治) 사장은 창업으로 사이타마(埼玉)현에서 제일 큰 백화점을 세웠는데, ① 경쟁적인 다른 백화점이 가지고 있는 상품이나 서비스가 기본적으로 있어야 되고, 그들에게 없는 상품과 서비스가 있다면 그 백화점은 더욱 고객을 만족시킬 수 있게 된다……고 생각하여 이것을 실천한 사람인데, 이것이야 말로 간사이식 발상법이다.

또, 그는 ② 젊었을 때 집에서 저녁밥을 먹는 것은 바람직하지 않다고 말하고 있다. 이것은 친구들과 항상 어울리라는 것이 아니다. 끊임없이 무엇인가를 지도해 주는 스승을 찾아가서 근무시간 외에 새로운 지식을 배우고 수용하라는 것인데, 이것도 전형적인 간사이적인 합리주의적 발상인 것이다.

③ 또, 저녁 식사는 밖에서 먹는 것도 좋으나 아무리 늦더라도 반드시 귀가할 것을 권장하고 있다. 이것도 본거지를 중요하게 생각하고 안정적인 잠자리를 우선 가져야 된다는 간사이식 발상이다.

그리고, 도쿄에 본점이 있고 사이타마(埼玉)현에서 4개 분점을 개설, 대형 소매업으로는 일본에서 가장 높은 매상고를 올리고 있는 '로저스'는, 5개 점포 총매장 면적이 약 6,500 평방미터인데, 연간 매상고가 약 750억 정도 되므로, 단위 면적당 매상고는 유명한 다른 대형 점포보다 5~8배, 보통 대형점의 10배에 이르고 있다. 따라서 매출이익도 타점포 보다 반 이하이고, 10％정도로 경상 이익율도 6％에 이르고 있는데, 이 로저스의 오오타(太田實)사장(초대 사장)은 다음과 같이 말하고 있다.

① '우리 점포에서는 철저하게 염가로 파는 방법을 강조하고 있다. 점포에서도 로코스트(저가)로 매장에 많은 상품을 진열하도록 하고 싶다. 상품당 매출이익도 일본에서 가장 낮다. 그러므

로 매출이익도 다른 점포보다 50% 낮출 수 있다. 다음에는 구입비가 싸다. 현찰구입으로 반품을 일체하지 않고 대량 구입으로 큰 이익을 추구할 수 있다. 또 메이커 메릿(maker merit)의 추구가 가능한 것을 연구하고 있다. 따라서 '로저스'는 싼 물건을 파는 것이 아니라 염가로 팔고 있으므로 고객들이 즐거운 마음으로 구입하게 된다. 그러므로 매상이 효율적이고 이익도 많아진다'고. 물건의 판매를 통해 손님을 더욱 즐겁게 한다는 것은 바로 싸게 파는 것이라는 간세이 상법의 발상이고, 고객이 즐거우면 그것이 이익이 된다는 것도 전형적인 간세이적인 발상이다.

② 그리고 '나는 사치스런 몸치장도 쓸데없는 낭비도 피하고 있다. 그것이 결코 찾아오는 손님을 즐겁게 하는 것이 아니고 소매점에서 손님이 원하는 것은 싸고 좋은 상품이기 때문이다'라고 말하고 있는데, 본질을 확실히 파악하고 있다. 이것도 간세이식 발상의 기본이며 본질로부터 벗어나지 않고 있다.

③ 또한 '장사라는 것은 톱(사장) 스스로가 상품을 알고 광고문을 쓰며 진열할 수 있고 팔지 못하면 번영할 수 없다. 아무리 조직화 되어도 사장이 판매장을 이해하지 못하고 알지 못하는 조직은 두렵지 않다'고 단언하고 있는데, 이것은 어디서나 간세이 상인들이 처음부터 배우는 기초적 지식인 것이다.

누구나 이해하고 무리없는 것이 영속(永續)의 핵심

이번에는 나와 친한 간세이의 경영자 몇분을 소개하고저 한다. '와코르'의 영업을 정상적인 궤도로 발전시킨 것으로 공인되는 분이 가와구치(川口郁雄) 부사장이다. 또한 그는 쓰카모토 사장과는 하치망(八幡) 상업의 동기생이었는데, 와코르의 창업 멤버로서 주로 영업을 맡아왔다. 항상 쓰카모토 사장을 보좌하면서 사장과 일심동체가 되어 오늘날의 '와코르'를 성공시킨 사람이다.

이 가와구찌(川口)씨의 자랑은 '현재까지 한번도 나쁜 매상을 올린 적이 없다. 분명히 말해서 불량(不良) 채권을 만든 일이 없다'는 것이다. 그가 팔고 싶다거나 또는 거래가 있었던 곳 중에서 경영상태가 악화된 곳은 한곳도 없다고 한다. 여기에 대한 이유를 물었을 때, '나는 부부의 관계란 화목하여야 된다고 생각하고 있습니다. 그런데, 부부의 금실이 좋은 점포와 거래를 갖게 되면, 모두 영업이 발전되지요. 반대로 말해서, 부부의 금실이 나쁜 상점과는 거래를 피해 왔다고 해도 과언이 아닙니다'라고 대답했다.

가와구찌(川口)씨는 판매왕으로 알려져 왔는데, 그의 노련한 경험에 의하면, ① 리베이트를 요구하거나 거래선을 불편하게 만드는 구매 담당자들이 성공하는 확률은 거의 불가능하며, ② 부부간의 관계가 원만하지 못한 사람은 보통사람인 경우도 성공할 가능성이 거의 없다는 것이다. 여기에서 알 수 있는 바와 같이 그의 사고방식은 본질적이고 상식적이다. 그리고 누구에게나 이해되며 무리가 없다. 이것은 간세이(關西)지방의 오랜 역사가 만든 영원히 지속될 비결일지도 모른다.

또, 한 사람 예를 들기로 한다. 후나바(船場)에 야마모토고(山本幸)라고 하는 섬유류 도매점이 있다. 사장은 야마모토(山本幸雄)라는 창업자이고 현재 71세인데, 열성적으로 연구하고 장사에 정력을 쏟고 있다. 그는 오카야마(岡山) 출신인데, 학교를 졸업하고 후나바의 섬유류 도매점에 취직하여 훌륭한 수완을 보였으므로, 장기 근무자를 독립시켜 주는 관례적인 혜택을 받아 야마모토고(山本幸)를 창업하고, 현재는 후나바를 중심으로 오오사카에서 의류품의 도매업, 그리고 고향인 오카야마에서 종합 레스토랑과 그린 비지네스 등 폭넓게 사업을 벌리고 있다. 나와는 20년의 친교가 있는데, 이분에게서 다음과 같은 여러가지를 배우게 되었다.

① 감사한 마음을 갖자. 현재가 있는 것은 장사를 가르켜 주었고 독립된 상점을 차려 준 전에 근무했던 사장님 덕택이다. 그러므로 그분을 고맙게 생각하여야 된다. 나에게는 다음과 같이 말했다.

"후나이 선생, 당신은 일본 매니지먼트 협회 출신이고 그러기 때문에 오늘의 당신이 있다. 자기가 전에 근무했던 직장을 비난하는 사람은 절대로 신용할 수 없는 인간이다. 어떤 사정으로 사직했는지는 모르나, 전의 직장에 대하여 무조건 감사하기 바란다"고.

이 한마디가 10여년 전에는 나에게 큰 영향을 주었는데, 이것이 오사카 상법＝후나바(船場) 상법의 기본인 것이다.

② 자기 능력 이상이거나 과욕·사치를 피할 것. 두텁고 짧은 것 보다는 가늘고 긴 방법이 바람직하다.

③ 끊임없이 공부하고 선견성을 갖도록 할것. 그리고 계획적으로 시류(時流)에 적절히 대처할 것. 야마모토(山本)씨의 둘째 아들은 1970년에 대학을 졸업했는데, 섬유업계의 미래를 미리 짐작한 그는 아들을 창업한지 얼마 안된 '일본 켄터키 후라이치킨사(社)'에 입사시켰다. 여기에서 3년간 팀장, 슈퍼바이저, 교육과장, 영업차장 등을 거치게 하므로서 창업기의 여러가지 애로사항을 단기간에 경험하게 했고, 1973년에 야마모토씨가 오카야마에서 창업하는 레스토랑에서 책임자로 근무시켰는데 이것이야 말로 후나바 상법의 전형적인 선견성과 계획성이라고 생각해도 될 것이다.

④ 최근 유행하고 있는 사치에 눈뜨지 말것. 그러나 교제상의

의리는 중요하게 생각할 것. 원만한 교제 관계를 유지하기 위하여는 검약하고 저축할 것…… 등이다.

'와콜'의 가와구치씨 말과 같이 무리가 없고, 누구에게나 납득되기 쉬운 특징이 있다고 생각된다.

간세이라고 하는 환경이 이같은 간세이 상법을 만들었다. 그리고 이것은 간토오(關東) 뿐만이 아니고 전국에서 성공을 거두고 있다.

간세이 지방이 정치의 중심에서 거리가 멀었다는 것, 역사적으로 이미 성숙기에 도달되어 있었다는 것, 또 다시 새로운 사업의 필요성이 요구될 정도의 인구와 경제규모에 도달되어 있었다는 것 등이 있겠는데, 성공의 힌트로서 도쿄 상법과 비교해 보면 홍미가 있다.

도쿄 지방이 단기간에 유명해지고 성공하기는 쉽다. 그러나 이것을 유지시키려면 도쿄에서도 일반적으로는 간세이(關西)적인 방법을 활용하지 않을 수 없는 시대가 일본 전국의 성숙기 돌입(突入)＝저성장기(低成長期) 돌입과 함께 온 것으로 보여진다.

5. 인기없는 사람은 쓸모가 없다

일본인은 호감을 주지 못하면 성공 못한다

일본인은 이성(理性)과 정감(情感)을 동시에 갖고 있으면서도 다분히 감정적 민족이다. 싫은 사람과는 만다고 싶지 않고 하고 싶지 않은 일은 잘 되지 않는다. 반대로, 좋아하는 사람을 위해서는 전력투구하려고 생각한다. 자기도 모르는 사이에 이같은 느낌을 갖게 되는 것이므로, 국제사회에서의 교류에서는 이것이 문제 되기도 하는데, 호감을 갖지 않기 때문에 긍정할 수도, 부정할 수도 없는 애매한 태도를 취하게 된다.

상거래의 교섭 단계에서도 호감을 주지 못하면 불리하므로 부라윙(시위 행위의 일종)을 할 수도 없고, 상대편의 계산적인 부라윙에 휘말리면 약해진다. 서구인에게 있어서 부라윙은 위협을 주어 상대편을 굴복시키는 한가지 방법이므로 매우 애매한 태도로 갈피를 못잡는 일본인들을 당황하게 만든다.

일본의 수출 공세에 대한 서구인의 불평같은 것을 하나의 시위로 취급하면 별다른 문제가 안된다. 그러나 일본인들은 여기에 과잉 반응하는 경우가 있다.

이제부터 일본인들은 국제관계에 있어서 부라윙 테크닉에 익숙할 필요가 있고, 동시에 계약이나 약속은 절대로 준수하는 태도와 신념이 필요할 것이다. 한편으로, 자기 편을 존중하고 상대편에게는 적대 감정을 갖는 서구식 대응책도 알아두어야 된다. 일본인들은 시위적이거나 허장성세가 없는 대신에 계약이나 약속도 마음속으로만 지키겠다고 생각하고 적절하게 대처하려다가 신용을 실추하는 경우가 많다. 또 자기 편과 상대편을 혼돈하므로 서구인들로부터는 이해하기 어려운 인간으로 취급되는 것이다. 어쨌던 일본인들은 본질적으로 어느 나라 사람들에게나 호감을 느낄 수 있도록 노력할 필요가 있다. 염증을 느끼게 되면 상거래가 불가능하고 성공할 수도 없기 때문이다.

예를 들면, 상거래 교섭에 있어서도 서구인들은 관습화되어 있으므로 부라윙에 대하여 과민하지 않지만 일본인들은 성내는 일이 있으므로 주의가 필요하다.

암시(暗示)에 허약하고 타인의 언어 행동에 민감하며, 정감과 이성이 공존되고 있는 일본인 거래선에 대하여도 신중한 대처법이 필요하다. 그것은 무엇보다도 염증을 느끼지 않게 하고 호감을 갖도록 하는 대처 방법이어야 할 것이다.

장점을 발전시키면 결점이 없어진다

나처럼 심리학에 흥미를 느끼고 있는 사람들이 항상 주목하고 있는 한가지 테스트가 있다. 이것을 '바이오 테스트'라고 부르고 있는데, 중추신경과 말초신경의 반응, 소위 생체(生體) 반응을 그래프를 통해 읽어보면 개개인의 성격과 적성을 쉽게 알 수 있는 테스트인 것이다.

이것을 개발한 사람은 경영심리연구소의 가토오(加藤寬鄕) 씨인데, 시카고 대학에서 심리학을 전공한 그는 운동선수의 성격과 적성을 연구하고 있는 동안에 바이오 트레이너에 의한 바이오 그래프에 주목하고 약 3만 6천명의 실험 데이터에서 바이오 그래프에 의해 약 100종류로 인간을 분류한 뒤, 그 연구 성과의 일부를 발표했다.

나도 호기심을 가지고 이 테스트에 참여하였는데, 생체 반응을 바이오 트레이너가 그래프로 표현하는 것이므로 어떤 사람에 대하여도 매우 높은 객관적인 판단성을 보증할 수 있다. 더구나 현시점에서는 100%에 가까운 적중률을 나타내고 있다.

거인(巨人 : 일본 프로 야구팀)의 하라(原辰德) 선수를 바이오 테스트한 결과가 TV나 주간지에 발표되고, 그후 이 테스트와 같은 실적을 올려 주목을 받았는데, 이 테스트 고안자인 가토오 (加藤)씨는 다음과 같이 말하고 있다.

"장기간 심리학을 연구하면서 여러가지를 알게 되었는데, 이와 같은 테스트 결과를 테스트 받은 사람에게 말할 때는 어떤 경우에도 결점을 말해서는 안됩니다. 나는 장점만을 말합니다. 본인이 노력하면 결점이 없어지기 때문이지요. 이 테스트로 결점도 알게 되지만 그에게 이것을 말하면 나를 싫어하게 되지요. 흔히 인간은 객관적으로 결점을 지적받으면 본인이 이것을 정정하거나 개선시키려 노력하지 않고, 오히려 결점이 더 조장되며 지적한 나까지 싫어하게 되니까 모두에게 손해가 됩니다. 결국 성격이나 적성의 판단보다도 테스트 받은 사람에게 어떻게 설명해 주느냐가 문제입니다."라고.

심리학의 전문가이고, 더구나 획기적인 테스트를 개발하는 고안자의 설명인 만큼 귀를 기울이게 된다. 성공의 힌트로서 바이오 테스트를 설명하기로 한다.

성공하는 사람들은 끊임없이 자기뿐만 아니라 제3자도 설득하고 납득시키는 방법을 모색하고 있다. 그러나 이것이 '보다 과학적'이어야 되는데, 예를들면 심리 테스트에서도 질문식의 ○×방식에서는 그때의 기분에 따라 대답에 변화가 나타난다. 그러므로 성격 등을 알기 위하여는 엄밀성에서 많은 결점이 나타난다.

그리고 바이오 트레이너를 활용하여 바이오 테스트를 할 때는 손끝에 연결된 센서를 통해 대뇌에서 발생하는 미약한 전류가 객관적으로 그래프에 나타나므로 매우 과학적이다. 그래서 테스트 받는 본인이 거짓말을 할 수가 없다.

더구나, 이 방법은 1958년 시카고대학 심리학연구소에서 죠 카미야 박사에 의해 개발된 것인데, 마음의 움직임이나 대뇌 생체의 작용을 신호음(信號音)이나 그래프로 변화시키는 것은 현재 세계의 유명 의과대학에서 일반화 되고 있으므로 누구나 쉽게 납득시킬 수 있다. 요컨데 바이오 그래프의 해독(解讀) 방법인데, 뭣보다도 앙케이트 방식보다는 보다 과학적인 접근인 것을 알 수 있다.

이와 같이 보다 과학적인 노력이 성공인의 패턴인데, 이것은 성공이란 것이 단독으로 성취되는 것이 아니라는 증명이고 어떻게 많은 사람을 납득시키고 호감을 갖게 하느냐가 중요한 핵심이란 것을 여기에서도 이해할 수 있는 것이다. 이야기가 비약되는지 모르나, 운명에 흥미를 가지고 여러가지 연구를 계속한 때문인지 나에게는 유명한 운명연구가나 운명학자 등과 친분있는 사람이 비교적 많다.

유명한 총리대신의 수상(手相)을 비롯하여 유명인의 수상을 보고 그 운명을 정확하게 지적했다는 수상(手相) 연구가인 가토와끼(門脇尙平)씨나 정계와 재계에 많은 팬이 있다는 심리학자 겸 운명학자 미다씨[미다(三田) 심리연구소장], 또 간세이에서 크게 활약하고 있는 서양 점성술의 대가 쥬농 시노바라(篠原)씨 등과는 특히 친하다. 이들에게는 많은 팬들이 있다. 그 이유는 이들이 결코 의뢰인들에게 단점이나 결점, 나쁜 점을 말하지 않기 때문이라고 짐작된다.

그들은 조심하여야 할 요소들을 이야기해 주고 거기에 대한 대응방법까지 해설해 준다. 결국 희망을 갖게 하고 조심하도록 도와준다. 따라서 이들은 의뢰인들로부터 호감을 갖게 되고 팬들이 계속 증가하는 것이다. 가토오(加藤)씨의 말이나 이들 유명한 운명연구자의 태도로 보아서도 타인에게 호감을 갖게 하는 것이 중요한 성공의 힌트라고 할 수 있다.

사심(私心)을 버리는 노력이 중요하다

'이토오요가토오'는 고객에 대한 서비스가 좋고 종업원의 탁월한 활동 능력으로 정평이 있는데, 그것은 '어떻게 하면 손님들에게 즐거움을 주고 호감을 받을 수 있는가를 생각하자'는 회사의

〈표21〉 능력이 저축되면 공적(公的)관심이 생긴다
'이토오요가토'사장의 교육방법

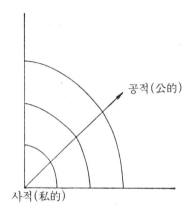

방침에 있는 것 같다.

얼마전 이토오(伊藤) 사장에게 교육방침을 물었을 때, 그는 다음과 같은 표 21을 그려 놓고 설명을 시작했다.

"이 화살표는 능력의 추진 방향과 능력이 생겼을 때의 그 사용 방법에 대한 생각을 나타내고 있습니다. 나는 사원들에게 열심히 실력을 축적하라고 말합니다. 그리고 능력이 생기면 생길수록 그 힘을 공적(公的)인 방향으로 추진하고 사적(私的)인 것에 향하는 것은 오히려 감소시키라고 말하고 있습니다. 이것 뿐입니다"라고.

능력이 없으면 인간은 자기 문제 밖에 생각하지 못한다. 결국 이런 태도는 타인에게 호감을 줄 수 없다. 능력이 있어도 그것을 자기만을 위해 사용하려고 하는 사람도 있다. 그러므로 결국 이러한 태도가 다른 사람들로부터 호감을 갖지 못하게 된다.

따라서 능력을 배양하고 그 힘을 타인을 위해, 이 세상을 더욱 발전시키기 위해, 소위 공공의 목적을 위해 활용하자 라고 하는 이토오씨의 가르침은 인간들에게 호감을 주고 자기도 성공하는 원리를 설명하고 있는 것이다.

이와는 반대로 다음과 같은 실례도 있다. 모 대기업의 경우인데, 그 회사 부사장 A씨는 부하들로 부터 절대적인 존경을 받고 있었다. 그때문인지 A씨는 사장으로 승진되었다.

그런데 사장이 된 다음부터 이 회사의 성장률이 답보상태였다. 이것은 A씨의 수완 부족때문이 아니고 회사를 둘러싸고 있는 사회적 환경이 악화됐기 때문이었는데, 최근 동업종의 타사들은 상당히 정상적으로 경기가 회복되었으나 이 회사는 업적이 하위권에서 답보상태였다.

얼마전, 오랜만에 이 회사를 방문하여 간부 및 종업원을 만나본 결과 그들의 의욕이 사장과는 거리가 먼것을 느끼게 되었다.

"회사를 위해서도 A씨같은 사장은 속히 그만두는 것이 옳다"고 말하는 간부까지 있었다. 이들 간부들이 수년 전, A씨가 부사장일 때는 적극적으로 협조한 사실을 알기 때문에 불가사의한 점도 있고 흥미도 갖게 되었다.

여기에서 그 원인을 조사했다.

A씨가 사장이 된 후, 2년쯤 지나서 자기의 장남을 이사(理事)로 만들어 관련회사를 만든 것이 불화(不和)의 발단이 되었다. A사장이 직권을 남용하고 있다는 사심(私心)을 부하 및 간부들이 그때부터 느끼게 된 것이다.

이같은 경우, A씨가 창업자 오우너(owner)일 때는 일반적으로 사장의 사심(私心)에 대해 너그럽게 이해하려는 경향이 많다. 그러나 이와 같은 경우에도 그 '사심'이 결과적으로 회사 전체를 위해 플러스가 작용되지 않으면 창업자 오우너일지라도 사원들의 불신 대상이 될 수 있다. 따라서 창업자 오우너들도 크게 성공하는 사람이나 노력하는 사람들은 '사심'을 크게 경계하는 것이다.

그런데, A씨는 창업자도 오우너도 아니었고 사원들로 부터 불신의 대상이 되므로서 업적이 저조상태를 면치 못하고 있는 것이다. 이와 같이 '사심의 억재'가 고급 간부가 될수록 매우 중요한 의미를 갖게 되는 것이다. 성공하는 사람이란 성심성의 타인을 위해 노력하는 사람이라고 해도 과언이 아니다.

나의 인생대학 선생격인 B씨가 새로운 사업을 시작한다고 해서, 그 사업에 있어서는 선배인 C씨와 D씨를 소개하게 되었다. 그 후 B씨의 새로운 사업은 순조로웠는데, 얼마전 B씨를 만났더니 감사하다는 인사와 함께 다음과 같이 말했다.

"후나이 선생, C씨를 소개해 주어 참으로 감사합니다. 사심도 없고 순수한 마음으로 도와주어 고맙게 생각합니다. 그러나 이같은 말을 하기는 거북하지만, D씨는 다시 다른 사람에게 소개하지 않는 것이 좋을 것입니다. 그분은 사심과 사업적인 이익만을 앞세우기 때문이지요. 결국 상호간에 플러스가 되지 못합니다. 후나이 선생의 신용과도 관계 됩니다"라고.

그러니까 B씨는 인생대학의 스승이었다.

성공 가능성은 '양성(陽性)과 마무리'로 100% 알 수 있다

얼마전 히로시마(廣島)에 볼일이 있어서 신오사카 역에서 신간쌩(新幹線)을 탔다. 나의 지정석은 그린칸인 12호차 11D석이었다. 그런데 자리에 앉으려고 할 때 보니, 지정석이 신문지와 먹다 남은 도시락 등으로 지저분했다. 그린칸인데도 상식 이하의 승객이 먼저 앉았다는 것이 불쾌했다.

서구인 관광객들이 일본에 와서 이상하게 생각하는 것 중에 비행기나 교외 전차 또는 지하철에 1등석이나 1등차가 없다는 것이다. 그들의 감각으로는 마쓰시타(松下幸之助)씨나 어느 평범한 고교생이 같은 자리에 앉아 대화하는 것을 이해할 수 없는 것이다.

이와 동시에 구미에서는 1등차나 1등석에 승차하는 사람은 엘리트이고, 엘리트란 타인에게 부담을 주지 않는 사람, 마무리 (결과)가 깨끗한 사람, 타인에게 전혀 부담을 주지 않는 사람이라는 것을 일본인들은 잘 이해하지 못하는 것 같다.

어쨌던 동서양을 막론하고, 마무리가 깨끗하지 못한 사람, 타인의 기분을 모르거나 알면서도 서슴없이 피해를 주는 인간들은 성공하거나 발전하는 사람이 절대로 없다.

일류 호텔의 종업원 이야기에 의하면, 숙박객이 돌아간 뒤 그 방을 보면 그 사람의 인격적인 가치를 짐작할 수 있다고 한다. 여러가지 유형이 있겠지만, 깨끗하게 뒤끝을 정리하는 사람이 아니면 결코 발전하거나 성공하지 못하는 것이다.

수차 호텔 경영인들로부터 이러한 이야기를 들었기 때문에 작년에 우리 회사 사원들에게 이것을 시도해 보았다. 작년말의 합동 연수회에서의 일이다. 3일간의 연수가 끝난 후, 청소하기 전에 우리 회사 사원들이 숙박한 방을 점검해 보았다. 투숙자 명부가 있으므로 각자의 숙박후 마무리를 정확히 파악할 수 있었다. 이때 나는 각 호텔 실무자들 이야기가 결코 틀리지 않았다는 것을 느낄 수 있었다. 그 합동연수회 이후부터 우리 회사 사원들은 승차할 때나 숙박 때, 회사 안에서도 마무리를 깨끗이 하는 습관이 생겼다고 생각하는데, '발전 못하는 사람, 자주 실패하는 사람, 호감을 주지 못하는 사람' 등은 분명히 뒷마무리가 깨끗하지 못했다.

그때까지 나는 양성적(陽性的)인 사람은 호감을 주는 사람이거나 성공하는 사람, 음성적인 사람은 호감을 못주는 사람, 따라서 성공이 어려운 사람이라는 상식적인 견해만을 갖고 있었는데 이때부터는 여기에 '마무리가 깨끗한 사람'을 추가하게 되었다. 즉, '성공하는 사람은 양성이면서 마무리를 깨끗히 잘하는 사람'인 것이다. 그후 성공 가능성을 추정하는 관점에 있어서도 100% 정확도를 갖게 되었다.

'좋은 선물'이 될것

인기를 얻으려면 상대편 입장이 되어 가급적 즐거움을 갖도록 노력하는 것과 조그만한 일도 깔보지 않는 태도가 중요하다.

나의 친구에 아사노(淺野貞二)란 사람이 있었다. 그는 1976년 11월 9일 돌연 심부전에 뇌출혈이 병발되어 51세로 인생을 마감했는데 나는 그 친구로부터 많은 것을 배운바 있다. 그는 소련에서 귀국한 후, 1951년 매장 면적 20평방미터의 양복점을 개업, 장사를 시작했는데 1976년에는 연간 매출액 200억엔이라는 기후(岐候)현 제1의 지방백화점 '야나켕'을 이룩했다. 내가 이 아사노(淺野)씨로부터 배운 것 중에 다음과 같은 것이 있다.

"필사적이 되면 흥미가 생기지요. 그리고 프로가 됩니다. 나는 귀국후 부인용 옷감점포부터 장사를 시작했는데, 사실은 신용이 없는 나에게 양복지를 공급해 준 곳은 나고야(名古屋)의 어떤 부인복지 도매점 한곳 뿐이었지요. 나는 체질적으로 이 장사가 마음에 들지 않았으나 생활을 위해서 하지 않을 수가 없었습니다. 그래서 억지로 흥미를 가지려고 노력했지요. 이것을 천직이라고 생각하려고 노력하기 시작했습니다. 그랬더니 흥미가 생기고 1년이 지나자 부인복에 대하여는 완전히 프로가 되었지요. 어떤 옷감과 무늬가 고객에게 인기가 있고 감각에 어울리는 것인지를 알게 되자 도매점이나 생산 메이커의 담당자들도 나에게 의견을 물을 정도가 되었지요. 흥미없던 것도 좋아지게 되고, 프로가 되면 체질도 변하기 때문에 '천직(天職) 발상'이란 참으로 매력있는 것이지요"라고.

어느 날 이 아사노(淺野)씨가 나를 당황하게 만들었으나 배운 바가 있었다. 나는 그의 회사인 '야나겡'의 고문으로서, 또 창업기의 경영에 대해 적극 어드바이즈하고 있었는데, 어느 날 다음과 같은 일이 있었다.

그는 해가 바뀌는 세모(歲暮)나 백중(百中)날이 되면 오가끼(大垣)시민 중 많은 사람들에게 선물을 돌리는 습관이 있었으므로,

"그렇게 많은 분들에게 선물하는 것보다 그만큼 고객에게 양복을 염가로 파는 것이 효과적이 아닐까?"라고 내가 충고했던 것이다.

이에 대해 그의 대답은 "후나이 선생, 선생은 나보다 매우 머리가 좋은데, 세상살이에는 바보군요. 이 세상에서 필요한 요령은 찬스를 잘 살리는 것이지요. 더구나 남에게 호감을 주는 기회, 즐거운 찬스를 만드는 것입니다. 우리들 경영자는 어떻게 이같은 찬스를 만들것인가에 대하여 항상 노력하고 있는데, '선물을 줄 수가 있다'는 것은 최고의 찬스지요. 선물을 받으면 누구나가 즐겁고 좋아하며 팬이 되어 줍니다. 백중(百中)이나 세모란 것은 최고의 찬스이므로 이것을 활용하지 못하고 염가 판매에 신경을 쓴다는 것은 이 세상에서 무엇이 중요한가를 모르는 사람들입니다. 더욱 연구를 하세요. 그러면 반드시 사람들에게 선물하는 것이 이롭다는 것을 이해하게 될 것입니다"라고 하는 것이었다.

10여년 전의 일이기 때문에 그 당시는 그의 말을 이해하지 못했으나 지금은 충분히 납득되는 것이다.

성공하는 사람은 상대편 입장에 설 수 있는 사람이다. 그리고 이자택일(二者擇一)인 경우에는 상대편이 어느 쪽을 더욱 좋아한다는 것을 쉽게 알 수 있고 즉시 실행할 수 있다. 아사노(淺野)씨의 경우도, 선물하는 방법이 평소의 장사에서 선물구입비만큼 염가 판매하는 것보다도 고객들을 즐겁게 한다는 사실을 올바르게 알고 실천한 셈이다. 그리고 여기에는 선물을 보내는 것이 호감을 얻는다는 대원칙이 있다. 나의 경험으로 보아서도 성공하는 사람, 성공인들은 금전이나 선물을 매우 슬기롭게 전달하는 사람이라고 해도 과언이 아닌 것 같다.

누구나 일반적으로 선물을 받고서 성내는 사람들은 없다. 다만 주의할 것은 능숙하게 주는 것, 상대편의 기분을 고려하여 선물하는 일이다. 선물 증정을 기피하는 사람, 능숙하지 못한 사람들은 이점을 충분히 유의할 필요가 있을 것이다.

사소한 일에의 관심도 호감을 유발한다

이여데쓰(伊子鐵)의 고즈미(小泉順次郎) 사장은 사원들로부터 매우 존경을 받고 있다. 그는 '이여데쓰' 그룹의 지도자 중 한사람이고, 이여데쓰의 부사장이기도 한데, 이 고즈미를 위해서라면 죽을 수도 있다는 사원들이 그룹 내에도 많았다. 그 이유는 사소한 일에도 도움을 주고 인간을 존중히 여기는데 있다.

얼마전 마쓰야마(松山)에서 이여데쓰 택시를 탔을 때, 그 운전수에게 고즈미씨에 대해 물어봤다. 그때 다음과 같은 대답을 듣고 감명 깊었다.

"나는 고즈미 사장을 위해서라면 죽어도 좋다고 할 정도로 사장 팬입니다. 최근 파티가 끝나고 귀가 도중 나의 차를 타게 되었습니다. 가족 관계 등을 자세히 묻곤 했는데, 제과점 앞에서 물건을 살테니 차를 세워달라고 했습니다. 그때 과자 두봉지를 들고 와서 그중 큰것을 주면서 "자네가 나보다 식구가 많은 것 같으니 이것을 가져 가게"라고 말했습니다. 나는 눈물날 정도로 감사했습니다. 이렇게 신경쓰는 사장이니까 이여데쓰 그룹의 사원들은 모두가 그분을 존경할 수 밖에 없지요"라고. 이와 같이 사소한 일일수록 그 사람의 심금을 울리는 것이다.

'인간은 사소한 일을 보아도 그 사람의 됨됨을 알 수 있다. 작은 일을 원만히 처리 못하는 사람은 결코 큰일도 완수하지 못한다'는 것이 원칙이지만 성공하는 사람, 발전하는 사람은 작은 일에도 자상하고 원만하다.

또 작은 예를 들어보자.

나는 최근 4~5일 사이에 참의원 의원인 에타(江田五月)씨, 도쿄 에이젠시의 마에노(前野徹) 부사장, 다이요오(太陽) 공업의 노무라(能村龍太郎) 회장, 다이쇼오(大正) 제약의 우에바라(上原昭二) 사장, 경제계(經濟界)의 사토오(佐藤正忠) 주간, 일경유통신문의 여시타(吉田安伸) 편집장 등과 함께 대화를 나눈 바가 있는데, 이들에게서 공통적인 것은 모두가 사소한 일에도 매우 자상한 성품이었다는 것이다.

에타(江田)씨는 대화중에 절대로 남의 이야기를 중단시키는 일이 없었고, 마에노(前野)씨는 상대편이 즐겨하는 방향으로 이야기를 유도하는 것이었다. 그리고 노무라(能村)씨나 우에바라(上原)씨는 참으로 예의바르고 결코 타인에게 싫은 감정을 주지 않으며, 사토오(佐藤)씨나 요시타(吉田)씨는 상대편이 알고 싶어하는 것이 무엇인지를 재빨리 파악하여 친절하게 어드바이즈 하는 능력에 탁월한 사람이다.

각자의 입장에 따라 특성이 있지만, 만난 사람을 자기 편으로 만드는데 능숙하면서도 호감을 주는 특기가 돋보였다. 그 핵심은 상대편 입장에서 생각할 수 있다는 것과 작은 일에도 자상하고 관심이 있다는 점이다.

인생은 즐겁다, 성공에 도전하자

이제까지 성공의 힌트에 대해 기술해 왔는데, 우리도 평소에 주의를 기울이면 어디에서도 쉽게 찾을 수 있는 일이다. 다이에의 나카우찌(中內) 사장은 메모광(狂), 편지광(狂)으로서도 유명한데, 편지나 엽서를 쓴다는 것은 거기에 정성이 담겨 있을수록 받은 사람의 심금을 울리는 것이다.

나도 비교적 편지광이다. 매일 평균적으로 5통 정도 편지를 발송한다. 받은 사람의 답장 이외에도 처음으로 받았으면서도 나에게 힌트를 준 분들에게는 반드시 감사하다는 답장을 보내고 있다.

이 편지의 효과는 자기 발전에도 매우 긴요할 뿐만 아니라 팬이나 친구와 우정을 나누는 데도 효과가 있다. 나이가 들면서 느끼게 되는 것이지만, 이같은 매일매일의 습관적 행동에서 힌트를 발견하고 더욱 더 자기 스스로를 개발시켜 나갈 수 있는 것이다.

얼마 전에 내가 고문으로 있는 사계회(四季會 : 평균 연간 매출액 400억 이상의 백화점, 20여 회사 사장의 모임)의 크리닉 세미나를 동북 지방에서 개최했을 때, 가이셍상셍(海千山千)의 사장들이 3일간 안내를 맡았던 오오타(太田絹江)라는 아가씨에게 완전히 감동된 일이 있었다. 그녀는 두뇌 회전이 매우 빠를 뿐만 아니라 명랑하고 노래도 프로급이며 안내도 완벽했다. 그런데 뭣보다도 "나는 참으로 행복합니다. 이같은 안내역에 만족합니다. 손님들이 즐거워 하니까 더욱 보람이 있지요"라고 말하는

데는 모두가 항복하지 않을 수 없었다.

그녀는 분명히 일본 제1의 가이드가 될것이라는 것이 중론이었는데, 그녀의 즐거운 생활 태도에서 이 세미나에 참가한 여러 사장들은 젊은 시절의 스스로를 되돌아 보았는지도 모른다.

인생은 즐겁다. 발전적인 힌트를 발견하고 그것을 재생시켜 성공을 위해 활용하는 것이 바람직하다.

저자약력————————————————

- 1933년 오오사카에서 출생. 교토대학 졸업.
- 일본 산업심리연구소 연구원. 일본 매니지먼트협회 · 경영 컨설턴트. 경영지도부장 이사 등을 거쳐 1970년 (주) 일본 마아케팅센터 설립.
- 현재 후나이그룹(후나이총합연구소) 총수
- 경영 컨설턴트로서는 세계적으로 제1인자. 고문으로 있는 기업체만도 유통업의 과반이 넘는 대기업체를 중심으로 약 1,300사. 지난 10년간 후나이의 지도로 매상이 90배 이상, 이익이 180배 이상 성장한 기업은 100개사 중 60개사로서 그 중 도산된 회사는 하나도 없음.
- 주요저서 〈성공의 노하우〉〈인간시대의 경영법〉〈성공을 위한 인간학〉〈21세기 경영법칙 101〉〈패션화시대의 경영〉〈매상고 향상 비법〉〈베이식 경영법〉〈신유통 혁명〉〈유통업계의 미래〉등 다수.

개정판 2021년 9월 30일
발행처 서음미디어(출판사)
등록 2009. 3. 15 No 7-0851
서울特別市 東大門區 新設洞 114의 7
Tel 2253-5292
Fax 2253-5295

企　劃
李 光 熙
發行人
李 光 熙
著　者
船井幸雄
編　譯
最高經營者研究院
Printed in korea
정가 15,000원

for